老鷹的羽毛

一個文化人類學者的靈性之旅

許麗玲——著

目錄

【推薦序一】看見初始的力量／撒可努 5
【推薦序二】旁觀與親臨／溫艮理 8
【自序】吉光片羽 10

1 都蘭山記事 23

初入都蘭 24
遇見巫師 28
雷聲、日出、老鷹 33
巨石與風雨夜 39
看見巨靈 54
埋入地穴 51
巨靈重現 56
暫別都蘭——分手 61
重回都蘭 76
月光山谷 83

水、火與風之夜 93

日出東海 100

2 祖靈之路 103

愚者之心 104

捍衛生命中美好的事物 117

奇拉雅薩山的祖靈 128

3 來自它界的訊息 141

榮民哀歌 142

夢中男子 153

勇者的旅程 160

殤 168

4 穿越恐懼的幻象 175
失去憑恃 176
老鷹與蛇 190
雙蛇會 204

5 老鷹的羽毛 221
初生之鷹 222
夢之羽 228
走過心靈的幽谷 236
永恆的鷹羽 246

【推薦序一】

看見初始的力量

撒可努
排灣族作家，著有《山豬・飛鼠・撒可努》

童年時我的 Vu Vu（長輩）說：「人會飛，人可以在懸崖上像山羊一樣跑來跑去，人可以鑽到地底、潛進水裡……」

我的回答總是：「眞的嗎？這怎麼可能。」

部落老一輩的人常說：以前我們住的地方在大自然裡，我們的身體、行為、想法、思緒，都因我們的生活環境而融合感受。

我們聽得見別人聽不見的。

我們感受得到別人感受不到的。

我們聞得到別人聞不到的。

我們能輕易看見、看穿自然的訊息，我們跟別人說，他們聽不懂我們在說什麼。

我們的想法是來自靈魂的最深處，我們的思緒是因生命每一次的經歷和接近自然。

我一直沒有忘記，我的 Vu Vu 說的，我們以前住的地方是神與鬼的所在，我們知道它在那裡，我們因而敬畏它們。

我們跟動物生活在同一個空間，我們因而發展生態繼續延續的秩序和倫理。

我們聽得到土地的呼吸聲、自然的召喚聲。

河川大樹是我們的母親和兄弟。

在《老鷹的羽毛》這本書中，能感受到古老原始力量的召喚與自然的共生。當愈來愈多的人去選擇文明，我們就愈離我們本就原屬的自然愈遠，我們早已失去了召喚能力，去感受原有的靈力、巫力和神力。

至今，當我的族人都走進教堂去相信文明，不再相信原有的傳統力量，但我依然堅信，我的祖先一直在等我。他們用盡任何的方式和方法試煉著我，讓我回到屬於他們的地方。

如果《老鷹的羽毛》這本書是最接近能看到祖先力量的位置；我想說，相信就看得見，我所堅持相信的那種古老不知名的力量，是一直存在的。

有一天，我的祭司對我說：「我老了，但我會爲你活到你願意來接我祭司位子的那一天！」祭司笑著說，有一天你的夢裡有位老者手上拿著「老鷹的翼羽」，那就是天神及祖先化做老鷹的羽翼來確認，你就是祭司。

去看老鷹的羽毛，你可能找回失去已久的力量，你可能看見原來如此。

原來我們可以透過靈魂的飛翔去到我們想去的地方。

【推薦序二】

旁觀與親臨

溫良理
旅美退休學者

人生經驗的獲取，大抵有賴於對自然法則客觀的探查以及對人生百態的親身體驗。對自然探究的成果，多以學術成就顯現，究其終極，世事洞明而條析理陳，自圓其說而成一家之言。然而若對人事的起伏動蕩，亦以旁觀之態對治之，固然能夠展列事與人相應的規律，卻往往失之於拿捏人心的奧微之妙。

作者多年沉浸於宗教儀軌與原住民社群文化的研究，從以保持距離的旁觀者身份，深入其中，而每每覺察未竟旨妙；乃決心親蹈其中，以人、以自然爲師，參悟心法，體驗究竟；每長夜夢迴，或有臨淵履薄的恐懼；間或謗議叢生，譏譭交至，此中艱苦，踽踽獨行，恐超過克服閉關修行期間凜冽的身體煎熬。直往而無悔者，實爲對人群、特別是對原住民族群的愛心以致之。

抖落一身知識分子的傲骨，甘於親臨實踐久於世風中式微的巫理，愛心澤及生者、逝者、傷逝者；幻身爲巫，不避人間世污名與無明的忌諱，調理我相、人相、眾生相。

掩卷細思，欣見此大隱於世的現代之巫，怡然踴躍人間。

【自序】

吉光片羽

二○○二年我剛從法國拿到宗教學博士學位，回到台灣滿懷熱情地投入教職。那一年我來到花蓮，一個出了火車站就可以看到令人屏息的山巒的城市。我從沒想過，那一年的暑假所發生的事竟然將我的人生方向完全改變：我發現自己具有通靈的能力！

在偶然的機緣下，暑假前的某個夜晚，我帶著幾名研究生在花蓮市郊一座小神壇進行田野調查，竟然發現自己出現了民間信仰中所謂的神明附體或是通靈的現象。當時的我除了一時的好奇之外，還有十分強烈的研究欲望，我決定以自身的生命投入神秘的通靈經驗中，透過這樣的體驗，我想研究的不再是宗教的神秘現象，而是生命本身！我知道我是無法將這些經驗整理成學術研究的論文，因爲主體經驗與客觀的觀察，在學術界原本就是一道很難跨越的藩籬。

和我一起進入這個神秘體驗，並且共同探索的伙伴是一位有著原住民及漢人血統的研究生「卓澔」。

當時卓澔是阿美族部落指認出來的見習巫者，同時他也是那個小神壇的乩身。當年我在花蓮賃屋居住，卓澔及他的家人還有其它幾位在花蓮讀研究所的學生都是常見面並且支持我和卓澔共同探索通靈體驗的伙伴。

剛開始投入這樣的體驗時，我就「接收到」訊息：我得將這些另類的經驗以敘述的方式寫下來，並出版成三本書，這三本書的書名將會是：《巫路之歌》、《老鷹的羽毛》以及《石跡》。

就在完全不知道書的內容究竟會是什麼的情況下，我一面投入奇特的人生旅程，一面將這些經歷寫出來。

二〇〇三年我出版了《巫路之歌》（自然風出版），接著在二〇〇八年的年底出版了《老鷹的羽毛》（時報出版）。

二〇〇八年底，金融海嘯甚囂塵上，美國的二次房貸崩潰幾乎波及全世界。那一年世界被美國晃動了。事隔十多年，世界又被搖晃了一次，這一回是中國搖晃了全世界：美中貿易戰、香港反送中還有二〇二〇年初起於中國武漢的新型冠狀病毒。

沒想到就在這個多事之秋，《老鷹的羽毛》又要重新出版。

十幾年過去，我的人生也進入第六十年。回顧前塵，發現自己好像活了一般人的兩、三倍人生：雲林海口鄉下出生，北港小鎮成長，高中畢業後北上唸大學，大學畢業那年去到法國，十多年留法，然後又回到台灣。

擁有宗教學博士學位，研究的學科跨越心理學、文化人類學與宗教學。原本以爲結婚生子、拿到學位之後，接下來就是在學院教書直到退休。但是沒想到，二〇〇五年我辭去所有的工作，二〇〇七年在台北東區的巷弄內開了諮商工作室，二〇〇八年結束工作室，二〇一一年，我開了公司，創立天然護膚品牌「人間魚」，九年來這個品牌在網路上獲得不少口碑與肯定。

《巫路之歌》出版後，我「接收到」的「訊息」是：「和原住民部落取得連結」，於是我經常開著車子，在東部的海岸及縱谷之間走訪原住民部落。幾年下來，我深深被台灣這塊土地上純真的原住民文化所吸引，對於他們和大自然之間的關係心生嚮往與認同，這些經歷都記載在《老鷹的羽毛》一書中，如今重新讀來恍如昨日。

每回去到原鄉，看到部落裡的孩童以及坐在門口的老人家，青壯年離鄉到城市工作，老人安養、隔代教育以及中年失業……，這些都是部落常見的問題。

我和幾位原住民朋友思考著要如何讓青壯年留在部落，有好幾次，我撰寫提案，向公部門提了幾個原鄉創業計畫，這些提案也都通過並且執行，我也試著和一些民間的私人企業合作。但是，我發現這些都無法落實我想讓原鄉永續經營、創造在地繁榮但又不破壞原住民傳統文化的理念。

有一天，我又去到台東的部落，卑南族卡大地布部落的朋友「道明智」；也就是《老鷹的羽毛》書中的 Sauma 前來與我會合，他滿懷希望與熱情，帶我去知本溪的出海口看一塊原本屬於部落傳統領域的地，他指著那片土地說：「妳不是想要讓部落成爲工作村？我們可以從跟政府爭取這塊土地開始，就在這裡建構我們的工作村！」

看著眼前往地平線延伸的那片蒼莽的河岸，晚風帶著初秋的熱氣陣陣吹來，我跟朋友說：「等我吧！再怎麼爭取或是寫計畫，都無法眞正落實我們想要做的事，等我吧，我去賺錢，我要用自己的錢來實現工作村的理想，等我吧……！」

於是，我開了公司，從學院的教職轉而投入商場經營。這樣的轉變就連我自己也始料未及，然而，我從未後悔當時所做的決定與承諾。

從表面看起來我成爲一個不折不扣的生意人，但是我十分明白與確信，如果沒有內在的心靈力量，我是無法面對任何創業的挑戰，更不可能堅持九年直至今日。

美麗的知本溪出海口，現代化的開發正在嚴重破壞海岸河川的整體生態。

作為一個多年從事宗教學及文化人類學研究的人，我知道宗教、信仰及心靈力量是人類共有的無形資產，如果將人類從心靈世界抽離，我認為我們將無法定義「人」之所以為「人」！

文明社會是以有形資產的流通與擁有作為重要的價值判斷指標。人與自然、人與存在或人與自己的關係卻是越來越模糊。

地球村的時代，一個小小病毒可以在短時間內流竄全世界、甚而癱瘓一個國家的醫療、政治與經濟；南北極冰層解凍、澳洲森林大火、地震、洪水等等天災頻仍，全體人類休戚與共，同為生命共同體已是不證自明的事。但是不同的政治、經濟以及意識形態所帶來的分歧和矛盾也是未來世界問題層出不窮的淵藪。

十九世紀英國文學家狄更斯（Charles Dickens）在他的小說《雙城記》中說：「這是最好的時代，也是最壞的時代」反過來說亦是！

我相信，人類意識的覺醒可以帶來即時的轉變，而最壞的時代能令眾人醒覺！

這些年來，台灣在地認同與環保意識越來越強烈，經濟開發與利多前景不再是令人盲目朝向的目標。許多人在不同的社會崗位中堅守永續發展與心靈價值的傳承，數十年如一日，我相信，這些堅持終將獲得社會大眾的認同與支持。

幾個月前經朋友介紹認識橡樹林的總編嘉芳，她提議重新出版《老鷹的羽毛》，因為事隔多年，這書早已絕版，嘉芳認為現今社會關懷與環保議題和心靈的追尋密不可分，她想將這樣的訊息藉由這本書的重新出版傳達給更多的讀者。

由於重新出版需要拍攝照片，我和嘉芳以及她的好友兼攝影師菁芳三人來到《老鷹的羽毛》一書中的幾個地點。

書中的月光山谷就是現今「鸞山森林博物館」，當年我搭帳蓬的後方現在是入山前向山林獻祭的祭壇。善心借地讓我閉關獨處的主人阿里曼以一己之力保留這片山林不受開發商破壞，十幾年的堅持，成果令人讚嘆！

明智也帶我們來到當年我和他許下諾言的地方：部落傳統領域 Kanaluvan（卡納魯汎）知本濕地。這裡原是部落傳統的共耕地，同時也是各種濕地動植物的棲息地。但是，明智告訴我們，這塊地在幾十年前被縣政府強制徵收，當時計畫開發成遊樂園，但是沒有招商成功，後來就一直荒廢著。如今台東縣政府打算在這裡進行太陽能發電。這件事讓部落及環保團體完全無法接受，但是地方政府無視部落的抗議，在去年進行所謂的部落諮商投票，整個投票過程充滿疑點與不公。道明智悲憤又帶無奈地

在傳統共耕地上種植小米，用傳統作物一起守護這片濕地。

述說這場文明社會所進行的荒謬掠奪。但是，明智說多年的抗爭行動，他明白只有抗爭不能完全表達原住民的心聲，他想直接用「對的事」去講話。

於是，這一回他除了抗爭之外，他也和族人在這片共耕地上一起種下小米、紅藜等傳統作物。

共耕地只佔這片河岸濕地的一小部份，明智的族人在耕地上搭了工寮，入口處也置放一塊紀念祖居地的石碑。明智說：「我們想用傳統作物一起守護這片濕地！」

卡納魯汎（Kanaluvang）部落傳統領域上的立碑。

明智也帶我們驅車進入位於知本國家森林內的知本林道，看到他興奮地指著一處廢棄的林管小屋說：「這條日治時期開發的林道，以前可以通往屏東霧台，是一條越嶺古道，原是爲了戰備而設。後來林務局作爲伐木運輸之用，多年前這條林道因爲颱風的關係，只剩下前半段十一公里左右可通行，目前林務局放手讓我們部落的人來維護它，我們想在這兒做些事……。」

我知道明智所說的：「做些事」指的是原住民與山林、土地共存的事。它包含：「護林、狩獵、採集……」。

數千年來與土地山林共存的部落文化，具體展現在他們的生活智慧中，我認爲：這些傳統的生活智慧也是人類共有的精神資產，應該一代一代傳承下去。但是文明社會的商業需求，主流社會的發展趨勢讓世界各族群傳統的農牧、狩獵的生活與文化面臨傳承斷裂的危機，這不是某些特定族群的失落，如果再沒有人守護傳統人與土地和諧共處的生活與精神價值，那將會是人類社會共同的損失！尊重並且保護這樣的傳承在目前更是刻不容緩！

世界正因一隻肉眼看不見的病毒而恐懼，幾世紀的工業發展與全球貿易，環境被嚴重破壞、空氣污染、物種滅絕……。天災、戰爭、傳染病與糧荒，這些問題在二十一世紀觸目可見。

我相信，人類除了努力在科技上尋找更高明的解決辦法之外，重新肯定並尋求與大地共存的傳統生活智慧是最重要的。

書中印地安巫師丹尼爾說：「老鷹的羽毛是上天的信使，它傳達來自靈界的信息。」透過這本書，我最想要傳達的是：「聽從內在的聲音，與一切和諧共存！」

明智說他們的族人相信眞正的勇士會這樣去尋找老鷹的羽毛：

一個勇士爲了要證明自己的勇氣與能力，他會耐心跟隨一隻最有力量的老鷹，找到牠的巢穴，耐心等候，不被警覺的老鷹知道。當等候的時間到了，老鷹自然會褪下牠最美麗的羽毛，這時，勇士會安靜地去撿起那隻羽毛，在小米豐收祭時，驕傲地戴在他的身上。

時光流逝，沉靜等待的時間將滿，老鷹的羽毛終將留給有心的人。

1

都蘭山記事

初入都蘭

到現在雖然事隔幾年，但我還記得坐在那塊大石頭上的感覺：整整三天沒有任何飲水和食物，身體處在某種空虛而又飽滿的狀態，那感覺相當怪異。滿天星斗，沒有手錶，無法知道時間，只記得大約是晚間過了十點左右，我就疲累地睡倒在帳篷內，當時還聽得到外頭卓澔挖土的聲音以及其它的人聲吵雜，醒來後但只見滿山遍野透著微光的夜色，無邊靜夜的山風裡只有蟲鳴。

再一會兒就要天亮了，拿著一瓶尚未打開的礦泉水，坐在那塊面對太平洋的大石頭上，當第一道曙光進入視線時，我就可以開始飲水及進食。然而奇怪的是，我並沒有任何對於食物或飲水的渴求，反倒是覺得如果能一直這麼過下去是一種無上的幸福。

蟲聲唧唧，無垠的星空下，吹拂過太平洋海面的風，也吹拂在我身上，引起全身陣陣細微的脈動，環繞在四周的是東台灣的都蘭夜色。剛才從帳篷出來時，暗夜微光中可以看見地面上卓澔挖開的坑洞。走近並躺進那個淺坑，觸及身體的是一層柔軟的乾草，可以感覺到剛才卓澔躺在草堆上所留下的身形，躺好之後拉起放置在淺坑上頭的乾燥檳榔葉，同時向星空看了最後一眼，然後我將檳榔葉拉蓋至頭頂。閉著眼睛，潮濕的坑穴傳來陣陣的植物根部以及某種令人不悅的腐爛泥土氣息。有些不安地挪動身子，忽然發現自己被一陣無法言說的恐懼充斥，彷彿感覺得到自己正一點一滴地死去，不！我感受到的是對於死後肉體的腐爛以及「不存在」的無邊想像和恐懼，這恐懼像無底洞一樣地從體內吞噬著我，暗夜中恐怖從心口直往上冒。爲了驅離這難奈的恐慌，試著再一次左右動動身子，只聽得到自己不規則的呼吸聲在窄小的坑穴中變得十分震耳。不知道躺了多久，也許只是一會兒，察覺到自己的四肢冰冷，然而胸口那陣恐懼已經消退。時間好像不具任何意義了，緊閉雙眼，躺在都蘭山上這個狹窄的土坑中，忽然發現世界離自己好遠，一切都不再具有任何意義。

在這深沉的黑暗之中，腦中的思緒飛快地流轉，一張臉在記憶裡浮現——是那位印地安巫師！好像又聞到和他見面的那天，在他面前所焚燒的那盤乾燥的鼠尾草的氣味。他的身影在腦海中愈來愈明顯，回憶突然又成爲某種與此時此刻重疊著的現實，是他的聲音！帶著濃濃的土著腔調的英語：「妳不能漠視在妳身上所呈現的靈力，如果不以全部的生命去了解這條道路，You can be killed !」最後這句警語在腦中不停地迴盪……。

都蘭山谷，到處可見大大小小的石頭。「都蘭」源自阿美族語，意即：「將石頭堆疊起來」。

遇見巫師

知道有這麼一位印地安巫師是二〇〇二年暑假過後的事，當時才剛經歷了一段生命中相當奇妙的另類體驗，或者說，我是被某種神秘的力量給擊中，而那個體驗也帶給自己往後的生命一個完全的改變，我決定不再尋找專任的教職，只是在花蓮的某個學院兼任幾個研究所的課程，其餘時間就在台北一家頗有盛名的芳香療法公司從事內部員工心理諮商的訓練。那一天正進行一場例行的諮詢，從名單上我知道進來的是一位名叫 Cindy 的芳療師，不過我跟她一點都不熟。她抬眼看了看我，我笑著問：「怎樣？我們談些什麼？」通常這樣的諮商會讓那些芳療師頗有壓力，雖然他們也知道這是職業訓練的一部份，但是在公司的安排下討論自己的心理狀況並不是一件容易的事。「老師，其實我今天並沒有什麼個人的問題要討論。」「哦?!」「是啊！我是要告訴妳一個消息，那就是有一個印地安的巫師明年會到台灣來，妳到時候應該去和他碰個面。」當時我不置可否地看著她說：「那妳說說看爲什麼。」「哦，我也不知道，只是這個巫師他非常有能力，我參加了一個禪修的團體，而這個團體的導師在美國遇到了這一位巫師，發現他的治療儀式十分有影響力，所以我們的同修常到美國找他處理一些個人的問題，後來他們認爲如果請他到台灣來一次，那麼可以幫助的人應該會更多。基本上他已經答應了，明年可能會成行，不知爲什麼，我就是直覺認爲妳應該和他見一面……。」聽完她的話，我點了點頭，這並不只是基於客氣所作的回覆，而是原本我就對這類奇特的機遇擁有極大的好奇心。

這之後過了幾個月，有一天人在台北，正忙著準備幾天後要陪一位朋友到法國，突然接到 Cindy 的電話，她告訴我上回說的那位印地安巫師已經來了，不知道我能否去見他？由於出國在即，所以能抽出的時間相當有限，而要見這位巫師的人也很多，沒想到 Cindy 竟然順利地幫我安排到隔天下午的會面時間。

依著地址找到那個地方，就在一處台北常見的社區大樓頂樓，進到門裡，許多人都在那兒等待。屋內有股濃濃的草藥焚燒的氣味，後頭有個獨立的隔間，隱約可知道那個巫師正在和人談話，不時還傳來當事人激動的啜泣聲。輪到我了，走進內室，只見到一位壯碩的印地安人席地坐著，看不出他的年紀，大概介於三十五到五十多歲之間。和他握過手之後，他示意我也席地坐在他面前。坐下來之後，發現面前的地上還擺著一些鈴鐺、石頭及羽毛等小物品。他看著我問：「我能夠幫妳什麼嗎？」「其實我也不知道，只是有人說應該來看你，所以就來了，事實上我也不知道該問你什麼。」他深長地看了我一眼：「哦！原來是妳！」接著還來不及細想，手中便多出了一塊石頭，他說：「妳拿著一下，感覺看看。」這時我感受到一股力量讓人不由自主地閉起眼來，那力量持續地瀰漫全身，然後我聽見自己正在吟唱著不知名的曲子，和以前的某些經驗類似，這曲子只有調子沒有歌詞。這樣的狀態持續了約五、六分鐘，好像身體漸漸熟悉那股能量似地，我睜開眼來，可以開口說話了，指了指面前那支羽毛，我詢問是否可以拿在手中，那印地安巫師沉靜地點點頭，並將羽毛交到我的另一隻手裡。我可以感受到另一種形態的力量進入體內，在那瞬間好像進入了某種我所不熟悉的生物體內。我的眼睛不知何時又是緊閉的，但是我發現自己不停地看見一些影像，好像是地平線。接著才覺知到自己在飛翔，同時也「知道」自己在老鷹的身體裡面！那知覺是如此地清晰，耳邊甚至還清楚掠過風的呼嘯聲。

再度睜開眼時，那張印地安人的臉就在眼前，他的眼神十分奇特：「妳知道剛才在妳身上的是什麼嗎？」我還沒有能力說任何話，只能用心定眼看著他，他又說：「妳知道嗎，那是大老闆呀（Big Boss）！」聽到這個說辭我不禁笑了，是啊！我和卓澔一直都稱之爲「老大」的。「妳知道這是開不得玩笑的，妳身上竟然有如此的力量，一不小心妳有可能會喪命！」這話對我而言並不陌生，因爲自從有了和力量接觸的強烈體驗之後，我常深深警惕自己，和力量的接觸是生與死的探究，而每一次的遭逢都必須是帶著清明的意識與意願的。我對著那巫師點著頭說：「感謝你的提醒，我會牢記在心的，可否請你再給我一些指示？」「嗯！我想妳應該知道自己未來的方向，所以我不再多說，不過目前，妳必須做一個行動，那就是到山裡去，四天不吃不喝。」「哇哩咧！」聽到這話我心裡暗自驚呼，也許是表情透露出我的驚呀，或是他聽得見我心裡面的那個驚嘆，那巫師笑了起來，一面打量我一面說：「放心！妳死不了，更何況妳身上的肉夠多，足可撐過四天沒問題的，我每一年都會進行一、兩次這樣的行動，那會幫助妳更清楚某些事情。眞的，放心，其實不需要四天，只要一見到第四天的太陽，妳就可以進食了。」雖然心裡想著：「啊萬一第四天沒有太陽，那可怎麼辦？」但還是笑著答應了，正要起身向他道謝時，那巫師握著我的手說：「哦！還有，別忘了注意天空！」

雷聲、日出、老鷹

和那位印地安巫師見過面之後，隨即打電話給卓澔，他也想來見這人一面，於是我幫他約了時間，果然隔天他就和巫師見了面。後來據卓澔說他也握持了那塊石頭，並沒有和那位巫師多做交談，只覺得這樣就夠了。他還告訴我見過巫師之後，整個人進入某種荒謬的瘋狂狀態；或者說：他忽然發現這世界是超荒謬又超瘋狂的。據他說他就在那樣的狀態中走進台北的地下捷運站，蹲在月台上獨自對著人群痴痴地笑了一個下午。

我十分認眞地思考著要如何進行山中的齋戒，和卓澔討論時他提到去年東昌的大巫師 Kamaya 在進行請卓澔的主神的儀式時，曾經給他一個指示，那就是：「在海邊往南走，聽到雷聲就回頭！」得到這個指示的幾個月後，有一天晚上，卓澔和兩位友人開車前往台東市區吃飯，就在快要靠近都蘭時，感覺到一股十分強大的能量從都蘭山傳過來，然後耳中就聽到一聲如雷巨響，朋友們對於卓澔突然停車的舉動感到訝異，當然，她們都沒有聽到任何雷聲，更何況那時天上滿佈星斗晴朗無比，那天他們沒有按原來的計畫去台東，而是在卓澔的堅持下馬上折回。在往回開的路上，卓澔更清楚地感受到都蘭山的能量，他甚至看到自己必須在山中的某個地方挖個洞將自己埋起來，只有在做過這個行動之後，才能越過聽到雷聲的地點往南。我和卓澔都覺得這樣的禁忌及行動，其中的意義必須親自去執行才能了解的。談到這裡時，記起去年卓澔的確和我提到這個經歷，只不過那時我並沒有感受到自己會和這件事有任何關聯，記得那時還和他打趣說：「拜託你不要找我一起去，因爲你那麼瘦弱，想當然是我要幫你挖這個洞，而你又長得那麼高，要挖一個那麼長的坑洞想來是相當費力的……。」說這話的當時全然沒想到我還是得去，不過仍然和卓澔計較該由誰來挖那個洞，沒想到這個平時懶散成性的人竟然一臉正經地說：「開玩笑，當然是我來挖，因爲我看見的是我自己挖洞將自己埋起來！」既然如此，那也就沒話說了。而我們一致都覺得對方的任務不是人幹的，同時也發現每個人都寧願執行自己的那一部份，也不願和對方交換。

經過這樣的討論，我們確定任務的地點是在都蘭山，不過詳細的地點會在哪裡並不清楚。由於卓澔的父親二十年前曾在都蘭國中擔任過校長，所以由他來聯絡當地的老同事，找出可以在山中停留四天三夜的地方。幾天後卓澔的媽媽（我們都稱她爲師母）在電話中告訴我，已經聯絡到都蘭的一位舊識——林老師，他山上有個果園，只不知是否合適。由於卓澔不能越過當時聽到雷聲的地點，所以無法先去探看，只得由我和校長約好時間一起去都蘭找出這個地方。

那天我和校長及其它兩、三位對我們這個行動感興趣的人一道前往都蘭。一伙人大約上午十點多到達，那位林老師已在村口等著。我們隨即來到他家，爲了不引起外人太多的猜測，校長向林老師表示：我們是大學的老師帶著攝影社同學要找個景點露營。坐在客廳時我就已感覺到這一次所要找的地點不會是他家的果園，但是仍然得去一趟。於是我們在他家稍作休息之後就直接前往山上的果園。

來到林老師的果園，發現那兒果然不是理想的地點，除了地方潮溼、蚊蟲多，不適合作爲露營的場所之外，還有另一個原因是從那個地方看不到日出！那位印地安巫師給我的指示中提到，必須看到第四天一早的日出；我心裡知道這是一個重要的指引，而太陽在這一次的齋戒任務中扮演著十分重要的角色。幾個人很快地就從林老師的果園走了出來。林老師一邊走一邊說：「哦！我們去一個地方喝茶聊天吧，那是一座廟，就在附近，看守這個小廟的人十分熱心，也許我們可以問問他關於你們要露營的地點。」

小廟就座落在半山腰的產業道路旁，遠遠地一隻黑狗一面吠叫一面迎了過來，主人姓陳，露著忠厚笑臉，忙著喝阻他的狗同時和我們打招呼。林老師向他說明我們的來意，那人說：「要看日出？那我們後面那個地方是最合適的，我先帶你們去看，等一下再回來泡茶。」說著順手拿起牆邊的一根手杖，那狗一見主人拿起手杖，馬上飛也似地一路當先跑了。「你們看，連我們這隻『妹妹』都知道我要去那裡，那個地方眞的很特別，我幾乎每天都會去個幾回，看日出、看山、看海……。」我們往廟後面一條小徑走去，校長人高腿長，不耐煩和我們慢慢走，自顧自地一路往前。不過由於前面有幾條岔路，我不禁懷疑他會不會走丟了。正這麼想時，忽然聽得頭頂上方數聲鳴叫，眾人抬頭一看；是老鷹！一隻？不！兩隻！那兩隻鷹不停地在我們頭上盤旋鳴叫，我心裡一動，想起自己拿著巫師的羽毛時進入老鷹的視覺的狀態，忽然發現那感覺又在體內出現，我不禁閉了一下眼睛，一道光在心中浮現，那地方不遠了！果然，兩隻老鷹往更高處飛著，牠們的鳴叫也更高亢，校長從一條小徑冒了出來，說：「我看到那個地方了，眞美！你們來看看！」

雖然還沒看到那地方，不過我知道再轉個彎就到了，因為我的身體正充滿著一股不知從何而來的力量，那是某種巨大沉穩的能量，有如巨岩般地厚實。沒錯，那地方到處都是巨大的岩石！這是山間向陽的一處緩坡地，人站在那兒可以眺望綠島及開闊的太平洋。校長站在一塊巨石上頭，人就這麼高大地矗立著，他雙手插著腰，好似一座雕像，看著他，不禁有種時光倒流的感覺，不過那不是歷史的時光，而是神話的時序悠悠。我和校長交換了一個眼神，他知道我也同意就是這兒了！

回到小廟中，主人十分親切地泡茶和我們聊著，他說：「你們社團要在這個地方露營，那眞是最好的拍攝日出的地點，晚上天氣好的時候，滿天星斗也是十分美麗的。」那塊地並不是私有地，不過有些山下的農民在那兒種植果樹，經過詢問，發現在那兒種植的人也是校長以前就認識的，校長和他通過電話，對方表示只要不破壞果樹，露營並無不可。陳先生也說他廟中有足夠的房間，如果需要梳洗或是天候不佳時都可以借住。

巨石與風雨夜

地點看好了之後，我們選定在兩個星期之後進行四天三夜的入山行動。一行共六人，除了校長要睡在廟中之外，每人都準備了一頂帳篷。出發前三天，發現有個颱風可能就要從東部登陸，我們不禁對於這個不尋常的四月颱感到奇怪，不過，日期已定，「就是下刀子也得去！」卓澔和我不約而同地說了這樣的話，當然其它人也都沒意見。我們是在前一天晚上來到都蘭，因爲到達的時間已是深夜，所有的人都寄宿廟中。隔天一早就進行紮營。那兒剛好有一處由幾塊巨石環繞而成的平地，奇怪的是農民並沒有在那塊平坦的地方種植，稍稍清除了雜草，每個人找到自己屬意的地方紮營。我們也在兩塊大石頭當中搭了一座簡易的涼棚充作廚房及餐廳。

打從前一天的午夜起我就不再飲食，紮好自己的帳篷時已是十點多，天氣是陰晦的，可以感覺到雲層低低地在遠方的海面凝聚，沒多久就一陣陣下起小雨，風並不大，我們想或許颱風轉向了吧！中午時分，我看著大伙兒吃飯，並沒有任何飢渴的感覺，事前我預想了很多，我想最難熬的可能是口渴的感覺吧，甚至害怕自己到最後會像沙漠中渴水的人一樣地難受。不過現在才第一天，我並沒有任何難受的感覺，只是十分想睡，鑽進帳篷中我不禁昏昏睡去，醒來時發現天色昏暗，自己也訝異爲何能睡那麼久。起身走出帳篷，卓澔坐在那塊巨石上，他讓了讓位置，我也坐到他身邊，看著他抽煙倒是不勝羨慕，他看也沒看就遞了支煙過來，我訝異地看著他說：「不吃不喝，可以抽煙嗎？」「那人又沒說不能抽煙，更何況我常常一整天沒吃喝，那時抽煙的感覺又是另一種狀態，妳該試試的！」這一來，我理直氣壯地接過他手中的煙。第一口進入肺部的煙給身體一種溫暖的感覺，我抽完手上的煙，忽然知道應該躺在石頭上，於是推了推卓澔要他再多讓出一些位置來，然後就四平八穩地躺了下來。石頭給我一種難以形容的舒適，卓澔有一搭沒一搭地和我聊著，我問他何時要開始挖他的洞，他說正在感受一個適當的地點。大概躺了十來分鐘，覺得自己精神出奇地飽滿，從早上以來昏沉的感覺一掃而空，我站了起來，到帳篷中拿著梳洗的用具往下方的小廟走去。

校長正在和陳先生喝茶，陳先生笑著招呼我用茶，我不便告訴他自己正在守齋戒，不過校長用著輕淡的口氣告訴陳先生說我這幾天是不吃喝的，陳先生和善地看著我，什麼話也沒多說就將那杯茶收了起來，這人的細緻及友善令人感動。校長提到明天我們可以去看看附近兩個巨石文化的遺址，我心中一動，便問校長「都蘭」這個名稱是否來自阿美語？他肯定地點著頭，並說：「在我們的話中這個稱呼和『ador』一詞有關，語意是『將石頭堆疊起來』而都蘭這個音就是源自於阿美語的『adoran』，意即『堆疊石頭的地方』。」這話讓我聯想起山上紮營的那個地方前後到處都是大石塊，如果用心觀看，會令人覺得那些巨石好像是經過某種有意的安排而成的。石頭的組合造成某種力場，只要一靠近，我的身體可以很清楚地感受到一股巨大的能量充斥著當地。這麼一來，我對巨石文化開始產生興趣，因爲自從來到都蘭，和巨石有關的訊息十分清楚，我想，也許這之中隱藏著抽象的巫術脈絡，而我一直以來和卓澔所尋找的，正是這種隱微的徵兆。

那天夜裡颱風果然登陸，梳洗完走回營地的路上，感受到風勢一陣比一陣強勁。躺在營帳中，時間是十點半，有些擔心白天睡那麼多，不知今晚是否會失眠。想著想著，不知不覺地進入夢鄉，等到再醒來時，則是被陣陣的強風給吵醒的。四周一片漆黑，勉強可辨識出帳篷頂端及四周的輪廓，激烈的風雨聲令人不禁擔心這帳篷是否會被穿透？更有甚者，那強風無邊無際地吹著，躺在黑暗中，感覺有如千軍萬馬在身旁踩踏著。營釘似乎要從土裡被拔起來，伸手摸著帳篷周遭，風將塑膠布吹得鼓脹，我想如果現在連人帶著帳篷被捲走的話，明天應該會在山下的某一處海邊被人尋獲吧！睡意又出現了，我就這樣在危險的想像中半睡半醒地過了一夜。

雖然一夜風雨，不過早晨的光線卻十分耀眼。我半睜著眼走出帳篷，發現其它的人也都紛紛在這個時候走了出來，我想都是因爲那耀眼的陽光吧！

看見巨靈

眾人吃著早餐，經過了一天一夜，仍然沒有任何飢餓或口渴的感覺，抽著煙，坐在那塊巨大的觀日石上看著遠方的海面，從身子底下傳來一波波綿密的石頭的能量再加上煙在身體裡所產生的溫暖舒適，發現自己處在一種極度寧靜的身心狀態。大伙兒一邊吃飯，一面說著夜裡的驚魂記，有人說好像聽到巨大的腳步聲，有人說整個帳篷好像被一些巨大的手推動著……。不論如何，眾人一致同意，這輩子應該很難再有相同的經歷了。

大約九點左右，山上的日光就熱得令人跳腳。我們將東西全數收到帳篷中，然後一伙人開著車前往校長昨天提到的巨石文化遺址。首先來到石棺遺址，那個地方離海

都蘭山下的巨石遺址：石棺。其實只是形似石棺，有可能是先民做爲祭祀用的儲水槽。

不遠，站在石棺旁，正專心地聽校長的介紹，忽然視覺狀態有了改變，身體也感受到一股特別的能量：我看到一群巨人在海邊生活的景象！巨人族的身形眞是高大！他們留著又黑又捲的披肩長髮，捕獲的大魚輕鬆地掛在肩上，那魚十分碩大，但和巨人的體形比起來只是一隻獵物！我還看到女人及孩童，他們是如此美麗地在海邊生活著。我不能肯定是否歷史上眞有巨人在此生活過，而石棺的尺寸也相當小，甚至連提供給現代人使用都嫌小，那麼這一切是什麼含意呢？我又再次地感知到，我所進入的不是現實的歷史時空，而是既抽象又眞實的神話領域。這樣的認知令人莫名地感動了起來，深吸了口氣，周圍的人好像也感受到我的異樣，抬頭和卓澔對看了一下，他輕微地點了個頭說：「再到下一個地方去吧！」

另一個巨石遺址是兩塊大石碑。不留意的話會以爲那是兩塊自然形成的石頭，細看就可發現人工雕琢過的痕跡。兩塊石頭不知在這兒經過幾世幾劫，然而它們給我的感覺好像是昨天還有人在它們面前獻祭一般地充滿著神聖的氛圍。第一塊石碑就位於一條小徑上，而第二塊石碑所在之處相當隱密，與第一塊石碑之間形成某種空間上的呼應。站在兩塊石頭之間，我的視覺比起在石棺那兒還要更迅速地轉換，然而這一回，我無法捕捉到任何具體成形的影像，只是無限的光影不斷地流轉著。和卓澔兩人輪流站在兩塊石碑前久久不能離去，等到感覺可以離開時，眾人已在外頭的產業道路旁閒聊等著。

離開石碑之後，山上酷熱此時是回不去的，有人提議找個海邊的咖啡屋閒坐，想起一個認識的原住民朋友就在不遠處開了家咖啡屋，我們就這樣來到咖啡屋閒耗。仍然沒有任何飲食方面的匱乏感，不過昏昏欲睡的感覺又排山倒海地襲來，臨窗坐著，在陣陣的浪聲中睡去又醒來。下午四點左右一行人才又開著車回到小廟中。陳先生仍舊是和善地泡茶招待眾人，眾人輪流梳洗，在洗浴時，一面刷牙一面納悶自己漱口時為何沒有想要順道喝一口的衝動？在廟中看完電視新聞報導，校長一邊吃便當一邊和我聊著，忽然問他：「校長，你們有沒有和巨人相關的神話？」

「有啊！那巨人名叫 Alikakai，是很邪惡很壞的，他們會吃人的小孩，有個故事是這樣的……。」

巨人會魔法，他們一族就叫作 Alikakai，有一天，一名婦女帶著她的兩個小孩到田裡工作，她囑咐女兒好好看著小嬰兒，然後就忙著工作，當她想到該餵奶時，就來到孩子休息的地方，但是女兒奇怪地看著她的母親說：「剛才妳才來餵過，怎麼現在又來了呢？」母親一聽之下十分驚嚇，她抱起嬰兒一看，發現小孩的肚腸已被巨人吃掉了……。

這個令人懼怖的神話在我心中另有象徵意義：在這個神話故事中，巨人所象徵的應是人在面對艱困的生存挑戰時，對於生命中的厄運所提出的解釋！我想，在先民的生存挑戰中，孩童的早夭代表著巨大的厄運與危機，因此，這個故事所要表達的是初民對於如此巨大的厄運所提出的意義詮釋。另外，校長也提到 Alikakai 還有其它令人深惡痛絕的作爲，比如說他們驚人的食量使得部落一整年的存糧都被吃掉，還有他們也常常變化成族人，調戲不知情的族中婦女。我發現這些巨人 Alikakai 蘊含著生命中令人恐懼也令人著迷的部份；那就是分別象徵生殖的性慾、生存的食慾以及確保下一代存續的生命力，這些也都是人類存活在世的三大要素。

關於這些巨人，故事是這樣結束的：

由於 Alikakai 的爲非作歹，終於使得部落的人起而反抗，青年們在他們的會所中集結，討論該如何對付這些巨人，不過這些巨人的法力高強，無論使用任何方法都無法制伏他們。就在無法可想之際，有一天夜裡，部落的頭目夢見海神告訴他打敗巨人的方法，那就是將蘆葦打結形成箭矢。青年勇士們依照海神所教的方法，以蘆葦作成的箭矢射向巨人，果眞使得Alikakai們落荒而逃。爲了要感謝族人的不殺之恩，巨人答應在每年的五、六月之間，只要族人對著大海獻祭，他們就會爲族人帶來豐饒的魚蝦。

Alikakai的神話普遍流傳於花蓮北區沿海的阿美族部落。我可以想像這個神話故事在沒有文字的族群中是如何代代相傳：那是在爐火旁；在一些值得紀念及感動的節日裡，神靈、怪獸、英雄及美女都在說故事者催眠的語調中一個個鮮活地被召喚出來。現在我眼前就有這麼一位阿美族的長者，他的語言讓在場的人都沉醉在如夢的神話時空中，對他而言，巨人並沒有遠離，李校長說：「我們還有巨人後代的傳說，如果族人中出現長得高大的人，我們都會指稱他爲巨人的後代！」校長是相當人高馬大的，我看著他笑說：「那校長，你說，你會不會也是巨人的後代呢？」

埋入地穴

已經是入山的第三天，明天一早第一道陽光出現時就可以飲水進食了，不過，我愈來愈沒有想要飲食的慾望。兩、三天來和食物及飲水絕緣的經驗，讓我發現一個有趣的現象，那就是，我們每天所進行的人際關係可以說絕大部份是維繫在飲食上頭的。當我看著其它的人圍著食物快樂地進食時，自己有種飄浮在一旁的奇怪感受。甚至還會好奇地想像，假如能夠永遠這樣地不吃不喝，那麼，我與這個世界的關係又將是如何？不論是何種可能，反正都不會是一直以來所熟悉的樣子。

那幾隻老鷹依舊每天一大早就飛出來在我們頭上盤旋，不知怎麼做到的，我竟然會發出一種特別的叫聲，那聲音很像鷹的鳴叫，只要心血來潮叫出這個聲音，那些老鷹一定會出現。召喚老鷹成爲我這些日子來一項莫大的樂趣。

天氣仍然十分酷熱，上午八、九點一過，大伙還是得避到山下去，有人提議到台東市區逛逛，就這樣，我原本想像自己應該像所有宗教人一般，在守齋戒時避居無人所到之處，潛心靜修，不過，事實並非如此！我發現自己竟然在台東市區閒晃著，等待卓澔結束他的網咖遊戲。我們就這樣晃盪到太陽逐漸失去威力，才又回到營地。卓澔一面等著晚餐，一面挖掘他的洞穴。其實他從昨天就已經動手開挖了，地點就在他原本紮營的所在，現在他將營帳移開，並且在長滿綠草的地面上挖出一道淺坑，工具就是一把小小的園藝用具，我記得車上還有一把，於是也動手和他一起挖。沒想到這人一看幫手來了，馬上丟下手中的器具，走到一旁抽煙。看他一副不勝勞苦的樣子，實在很想幫他一把，不過，埋頭挖了十幾分鐘之後，抬頭看了看那個一旁休息的傢伙，發現他的眼神中閃過那麼一絲「妳被騙了！」的光芒，這才恍然這傢伙又在實踐他那一貫的「柔弱勝剛強」的理論。這下子我也站起來了，並且丟給他一句：「我也是很衰弱的！」這人的好處就是很容易認清事實，他從所坐的大石上溜下來，拿起工具二話不說沒力地繼續挖著。

時間對我而言好像靜止不動了。我看著大伙烹煮、用餐以及收拾，看著卓澔吃過飯後仍然十分認命地挖著自己的「墳坑」，還看到他用心地到處搜尋乾枯的草葉，他的原則是要採集還完整地留在原株的枯葉，並且必須十分輕柔地抽取，不能傷到植株本身。這個工作他是在每當挖土的力氣用盡時進行的，就這樣一整個晚上看他像一隻瘦高的鳥兒，將枯乾的禾草細心地放入自己的窩中。我最後是在收音機的音樂及同伴們的談笑聲中睡去的……。

再度醒來時發現四周仍是一片暗夜，不過可以嗅聞到黎明的氣息，當初上都蘭山時並未計畫連我也得埋進那地穴中，但是當我在黑暗中看到卓澔所挖的那個淺坑時，馬上知道自己也得進去一趟。躺在地穴裡，頭上覆蓋著一層檳榔葉，閉著眼盡可能將思緒帶進回憶裡，點點滴滴地想著來到山上後的種種經歷。過了一段時間，思緒又被一陣陣濃厚的泥土氣味給帶回現實，生平第一次那麼貼近土地，這感覺實在複雜，許多想法在腦中進出，而其中出入頻率最密集的莫過於死亡的想像，我想著自己的死亡，想著自己的身軀在土中逐漸腐爛的樣子。想到自己最終一定會成為泥土的一部份，這想法令人沮喪與感傷，我不由得想起剛在年初去逝的父親，想著和他數十年親情中的恩怨與不捨，想到這兒，發現實在很難分得清楚這是對一個死去親人的思念或是針對自己短暫渺小的生命的哀傷。

大概是躺在這土坑中有一段時間了，我可以感受到泥土的氣息浸入衣服與皮膚，同時幾乎嗅聞到這股氣息正從自己的毛孔散發出來。死亡應該就是這麼隨時隨地的可能吧?!揣想著自己的最後一次呼吸，想像自己有朝一日不再存在的事實，心跳不由得一陣又一陣地緊縮著，我在無邊的恐懼裡！那令人懼怖的死亡的想像正緊緊地抓著我，又是一陣強烈的心悸，想著死於心肌梗塞的父親在他死亡那一剎那的感受。不知又過了多久，只知道意識一片空白，在那無盡的空白中我只聽到自己泊泊的心跳聲以及不規則的呼吸。這狀態維持了好一陣子之後，忽地意識到必須睜開眼睛，然後，我看見數道星光透過檳榔葉的空隙直逼眼前，有個聲音在最底層的意識微微響起：「夠了！出去吧！快！」這聲音化作一股驅動全身的力量，我一個翻身，迅速得令自己都覺得驚訝地跳出那個淺坑。

睡意全無，聞得到身上散發的陣陣土味，抬頭看到營區一塊平坦的大石頭上留有伙伴們昨夜提來的大桶山泉水。這是他們這些天來的新發現：在不遠處有道農民從山中牽引下來的泉水，眾人發現用這水煮的飯十分香甜。走回帳篷拿出盥洗用具趁著天未亮就在大岩石旁沖澡。清冷的水一道道流過身體，天上猶有殘星，微風吹過，蟲聲漸隱，天快亮了！

巨靈重現

坐在觀日石上，海面上雲彩漸漸明朗，手裡拿著礦泉水，等待第一道射入眼中的陽光。太陽昇起了！萬道光芒在海面上形成難以言喻的華麗景象，對著這片景色久久無法飲下手中的水。卓澔不知何時坐在身旁——他常常有辦法在別人沒有察覺的情況下出現！我看了他一眼，舉起手中的水飲下一口，身體沒有任何預期中的歡悅，原本以為那會是某種喜慶的場面，不過，事實並非如此，好像這些天來什麼特別的事都沒有發生過一般。老鷹又出現了，四隻老鷹分成兩對出現，在我們頭上盤旋鳴叫，我的體內又再度充滿了那種飛翔的輕盈及喜悅。卓澔望著天空說：「等一下離開之前，我們必須再向這裡的祖靈獻祭，我想，以後我們會還再回來這兒！」

沒錯，我也有同樣的感覺，覺得這都蘭山的山谷好像是熟悉的母親的懷抱一般，任何時空的隔閡都無法切斷這細密的聯結。記得第一天清早當我們要在這個地方紮營時，卓澔和我都意識到必須對這裡的神靈獻祭，我們取出早就準備好的祭品，同時也知道最佳的主祭者是長老級的李校長，他二話不說當下就拿起酒來，面對著都蘭山作起祝禱。今天的祭儀我想也應該是由校長來主持吧！我們一面收拾營帳，一面等待校長上來營地。大伙正忙著收拾時，校長從下方的小路走了上來，他用過早餐後，就無所事事地看著大伙忙碌。

負責這些天炊事工作的同伴兩隻手都有輕微的灼傷，她一面收拾一面埋怨手痛。不知爲何我直覺地告訴她應該要將雙手放進卓澔的淺坑中，這樣就可以解決她手痛的困擾。她照著做了，她靜靜地蹲在那個洞穴旁約有二十多分鐘，然後聽到她興奮地叫喊著：「好神奇啊！我的手都好了！你們看原本紅腫的地方全消了。」這麼神奇的療效引得眾人的圍觀，校長說：「我多年的膝蓋疼痛不知有沒有辦法這樣子醫治？」我回他：「這我就不知道了，不過反正試看看又沒損失。」校長依言往那淺坑所在正要坐了下來，這時我不知那來的興緻，半開著玩笑地對校長說：「等一下，剛才被治好的手是裸露的，所以才會有效，現在可能你也得將褲管捲起來才會有效喔！」

校長一聽二話不說馬上將長褲的褲管盡量往上捲，然後就安靜地坐在那個淺坑上。過了一會兒，他站了起來，每個人都好奇地問他有沒有什麼感覺，校長偏了偏頭想了想然後說：「是沒什麼特別的感覺，不過，我還想要再試試看對我的腰有沒有幫助！」一伙人正笑他沒感覺爲何還要繼續試，但是校長完全沒事人一般地又走回淺坑旁。他小心翼翼地脫著上衣，不過還保留了一件汗衫，看到這麼一位老實的長輩，不知爲何我還眞是忍不住想捉弄他：「校長，這樣是沒有什麼功效的……！」「沒關係，我只是試試看而已。」想是看到同行幾位年輕女孩他才那麼地保守……。「校長，還是脫了吧！我想在這附近的 **Alikakai** 應該也很想看看他們的子孫的模樣。」

關於 **Alikakai** 的後代子孫這個說法一直是這些天來的笑談，原因是除了校長還有卓澔都長得高大之外，Alikakai 出名的懶惰、貪吃及好色都可在卓澔身上略見一二。

不過校長聽到我所說的話並沒有當作玩笑看待，反而是相當嚴肅而且魄力十足地將那件衣服脫去，接著校長並沒有馬上躺到淺坑中，而是挺著他裸露的胸面對都蘭山的主峰站立著。這時玩笑的氣氛一掃而光，每個人看著這一幕都爲之動容，卓澔看著我說：「就是現在，這就是告別的時候了！」他指示我們將覆蓋在淺坑上的檳榔葉移開，然後放進早就準備好的一些食物，並且擺上香煙和檳榔。主祭者仍然是校長，他用阿美語告訴周遭的神靈，對於這些天來的打擾所感到的歉意，並且希望神靈和祖先們繼續眷顧我們。雖然我完全聽不懂阿美語，但是從校長的口中所發出的語言似乎有種魔幻力量，那語音環繞在這片山中的谷地有如一股旋動的能量，我的雙眼又開始感到沉重，眼前也出現許多光影。當我用心去捕捉影像時，發現先前所見到的巨人現身在這個山谷中。他們一群又一群地在空中飛過，巨大又美麗的身形在空氣中畫出一道又一道的彩色光芒。

卓澔注意到我，當時我除了對這樣的靈視感到不可思議之外，整個人也處在一個極度的能量充滿的狀態下，這在一般的民間信仰場域中可以沖激出一場精采的神明降臨的展演。不過我什麼也沒做，只是讓這樣的能量在體內充斥著，我知道這整個感受是都蘭山贈與的一項不容忽視的禮物！

暫別都蘭——分手

從都蘭山回來之後生活起了一些變化，首先是我在上都蘭山沒多久前離婚了，不過仍舊暫時住在原本的住家中，爲的是不想讓幼小的子女受到太多影響，但是這個想法仍舊經不起實際生活的考驗，而從都蘭山下來之後，和前夫的互動也到了必須考慮搬出去的地步。於是，我離開了居住九年的地方，又一次在生命的旅程裡發現自己仍舊是孑然一身，對於這個處境，心中有些不安，但更多的是興奮與莫名的輕鬆感。

除了婚姻狀況的變動之外，我仍然每週固定到花蓮授課，原因既非對學院生活的喜愛，也不是因爲謀生所需。而是，每當自己一想到要退掉花蓮的租屋時，一股無法形容的情感總是讓人做不出決定來。我相信這種情感作用是某一隻看不見的大手安排的，無非是要我繼續留在花蓮。

我和卓澔常常試著去探知究竟未來要做些什麼事？當然，我和他只有一個共同的興趣，那就是探索未知，以及體驗那不可知的神秘。但是，那究竟有可能是何種情境？我和他仍舊不可避免地會想要運用感通的能力去了解。

有一天，卓澔來到台北，那時，台北有一位朋友願意提供她的工作場所作爲我的臨時住處。那天適逢假日午後，卓澔百無聊賴地打了幾個電話給朋友，但都沒約到想見面的人，於是，他就和我耗在這個借住的地方。剛過中午，我們吃完午飯後覺得一陣困倦，我躺在房中午睡，卓澔就在沙發上玩著掌上電玩。然後，我作了個夢，那夢是如此地充滿能量，以至於當我從床上坐了起來時，仍舊可以感受到夢中的人物就在左近。然而，在現實當中，只見卓澔歪著頭在沙發上沉睡著。我將他叫了起來，他也睡了幾個小時了，點了一支煙，他瞇著眼睛聽我細說夢境：

夢見自己在一株藍綠色的芒草前面，而那株芒草閃著某種奇怪的光芒，當我雙眼注視著那個光芒時，看見一個好笑的動物從我眼前經過—那是唐老鴨！在夢中我對著那可笑的卡通人物說：「這太可笑了吧！你怎麼可以出現在我的夢中，更何況這是一個『作夢狀態』的夢！」

說到這裡，我不得不說明，在這段時間以來，我和卓澔討論了許多卡斯達內達（Carlos Castaneda）書中所提到的印地安巫師唐望的教導。我們兩人都承認截至目前為止，這個巫術傳統和我們所感受到的力量最相符合，有好幾次，我和卓澔都可同時進入某種清明的作夢狀態，然而，一個很大的不同是，我或他都無法像唐望團體中的巫者一樣地以刻意的練習來進入這種作夢狀態。這一次，我知道我又無預期地進入一個清明的作夢狀態中，如往常一般，我知道卓澔就在我的夢裡，只是我無法在夢中看到他。

無視於我的抗議，唐老鴨看著我用他扁平的聲音說：「我來這裡放映電影，妳看！」夢中那隻卡通鴨子伸出他的手在虛空中拉出一個螢幕，當我聚精會神地注視著螢幕時，我看到一列豪華的蒸氣火車，從停靠在月台邊的火車旁的人們身上的服飾，我知道這是印度。在夢中，我也知道自己最期待見面的人快出現了，就是已去逝的好友喬艾。我看到她了！夢中的我心緒強烈波動，我從螢幕的這端穿越到月台上，來到這位自從她離世之後就讓我朝思暮想，並佔據內在世界一個極大傷痛的好友身邊。但是，她看都不看我一眼，因爲，我發現，我正在喬艾的一個年輕時候的回憶或夢境之中，那是她和新婚夫婿的印度之旅，而這個旅行也是他們夫婦倆數十年來唯一的一趟共同旅行。

她不認得我！在這個夢境中，只有二十來歲的喬艾，正滿懷希望地在她的回憶中等待她丈夫；也許他剛到洗手間或是去買個小東西，反正，我知道她正等著他，但卻對站在她旁邊的我視若無睹。這讓我好心傷，但我也無法和她交談，我如何告訴她，我正在她的回憶或夢境中，而有一天，二十年後的有一天她會遇到我，我們會成爲好朋友，然後，再過十幾年後她會死於肝癌，而我則會不停地懷想著她，並在我的夢境或回憶中尋找她……。

聽我說完這個夢時，卓澔問：「妳覺得這個夢在告訴妳什麼？」摸著還在情緒波動的胸口，閉起眼來，將這個問題在腦中過了過，而答案自然浮現——是那株藍綠色的芒草！「我知道那株芒草在那裡！」卓澔十分確定地告訴我，就在上一次我們在都蘭山下看石碑時，他在石碑的附近注意到這麼一叢發著藍光的芒草。自從上回到都蘭山感受到許多陽光的能量之後，我和卓澔都知道此後和太陽有關的節令都值得注意。再過兩個星期就是冬至，原本我們就打算冬至那天得到都蘭山走一遭，這一回，多了一個任務就是到這株藍色的芒草前尋找進一步的啓示。

冬至前夕，我們一行人又開著車來到都蘭山上，那時已是夜深，月明星稀，在山下我們打算不用紮營就鋪著墊子裹著睡袋過夜。一夥人來到上回露營的地方，當我們下車時，呼吸幾乎被眼前的景象給扼止住了：那片曾經伴隨我們數日；有著甜美青草及充滿力量之地現在已經被一個巨大的水泥物件給取代了：是一座龐大的水塔！而水塔的四周散落著被機器挖開的土塊。我站那兒好一會兒，慢慢地重新感受自己穩定緩慢的呼吸，然後，一股傷心從深處漫延開來，卓澔站在一旁，還有李校長也無言地站在那兒。「我沒有那麼難過！」奇怪了，誰告訴他我難過來著？卓澔接著又說：「我看到分別，看到我們會離開這座山，也許過了一、二十年，然後我們還會再回來！」我無法說任何語言，難過的心緒還佔據著我。一伙人按照原定計畫拿出後車廂的睡袋，不過我們只能將墊子鋪在水泥路上，但是躺下後滿天的星斗讓我的好心情又回復了，我們是在笑聲中睡去的。

清晨的陽光將眾人叫醒，我們用山泉水梳洗之後，再獻上一次昨天準備好的香

過度開發的知本溪河岸，台灣到處可見這類山林破壞的景象。

煙、檳榔和米酒給都蘭山，然後驅車下山，我們來到石碑的附近。我和卓澔走到位在裡面的那座石碑面前，那兒仍是充滿著訊息及力量。不費任何力氣，我們找到那株夢中的芒草，它眞的發出一種奇怪的藍色光芒。我走了過去，卓澔已經站在那棵植物的面前，我想他已進入某種恍惚的狀態。而我，忽然知道自己該手摸著那株芒草，就在我的手和她接觸的那一剎那，我也跌進另類的意識狀態，我又進入老鷹的體內！那鷹帶著我在一個球形的平面上飛翔著，我看到許多影像，大部份是無法言說的，但是，心中知道那代表什麼，那是「混沌（Chaos）」！

這個靈視結束後，我告訴卓澔，我接到的指示是將這株芒草的花穗帶回去，煮成茶湯給眾人喝下！卓澔小心地摘下芒草的花，並且用一個袋子裝了起來。一伙人沒怎麼停留就這麼打道回花蓮。

隔天，卓澔、他的父母還有一、兩位平日常常和我們一起行動的朋友都來到家中。那株芒草花已按照我所說的煮成茶水，我們慢慢地喝著，發現那茶水眞的充滿能量，每個人的臉上都有一種難以言說的神色。

一星期之後，我又從台北搭飛機來到花蓮，接機的是一位研究生，她就借住在我所租的屋子，同時也一直是我和卓澔這個小團體裡經常參與行動的一位成員。一上車，我可感受到她表情怪異，頗有心事。

「妳怎麼了？有什麼事嗎？」「老師，我不曉得該不該講，不過，這個星期以來我眞的受夠了！……」「……？」「就是師母啊！她這個星期不停地找我講話，有時還會打一個多小時的電話，都在講妳，她說妳是另一個劉師父！」

其實這個話語我並不陌生，因爲去年卓澔就告訴過我說他的母親對我相當有意見，而將我比擬成我們所認識的那位玉天宮的主持——貪婪的劉師父。不過，那時我對這些話語並沒有任何強烈的反應，主要是因爲我和卓澔才認識幾個月，和他的家人互動也是剛開始而已，記得當時自己是哈哈大笑，並且還回卓澔說：「每個人內在都住有一個劉師父的，沒什麼好或不好。」但是，這一年來，我和師母的互動是如此密集，其間參雜著某種女性之間的關懷與交心，甚至在離婚之後，沒有太大的失落感，那也是因爲在情感的認知上，一直認爲自己在花蓮有一群類似家人的朋友。現在，坐在車子裡，感受到各式的情緒在體內迅速膨脹開來，我大聲地回應一些抗議的話，話語中的情緒能量是十分高亢，以至於我以爲自己的憤怒會將整部車子給拆了。

車子一停好，我開了家門，就直接打電話給卓澔，在電話中憤怒地訴說著這件事，我覺得自己被指控了一個令人不平的罪名，那就是我有可能犯下一件尚未做的罪行，只因爲我的個性是「不受任何限制」；而我的話「往往講得太多」然後，我的野心「看起來如此地大」。再者，我比劉師父還要可怕的是，除了野心大，不受限制之外，我還是個高知識分子，那更可怕！因爲世人不會對我有所防備！這些罪名都和我十分符合，只是，我並沒有作出任何眞正的犯行，所以師母只想預先防患，因爲，她不能讓我無法無天，假借「老大」之名歛財。記得在電話中，卓澔是如此安靜地聽，那個安靜突然讓我有某種分心，我不再那麼全然地沉浸在自己的冤情裡，忽然，我降低了音量：「卓澔，我知道自己很生氣，但其實眞正的我是傷心。」說到這裡時，我的聲音裡有著淚水。「我也很難過，妳在說的時候我已經掉淚了。」不過，眞情的告白只有那麼一剎那，接著自我防衛仍舊選擇它覺得比較安全的方式——憤怒，於是我告訴卓澔：「那，這樣的母親你自己留著吧！我消受不起！」

這通電話打完後，整個人有種虛脫的感覺，忘了自己是如何繼續到學校授課，只知道一得空，腦海裡就想要和師母說個明白，想起種種溫暖的相處情境，想到她和我之間的種種交心，我想，這誤會是可以解釋開來的，即使要我道歉——爲我的憤怒道歉我都願意，只要誤會可以談開來。不過，任憑我怎麼打電話，師母就是不回電，我知道她家的電話可以顯示來電號碼，所以，她知道是我打的，而她的回答就是不回應，這下子我得學會全盤接受。接受這個世界不會依我的要求而運作！

再回到台北，已是元旦前夕，那天並不是週末，孩子們不在身邊，看著街上的一切忙碌，渾然不知自己與世間有何關聯。夜晚，一個人在住處，想著這些年生命中發生的種種。某種令我不悅的傷心與自憐又浮上心頭，然而數十年來好強的自我仍舊堅強地運作著，心情就這麼毫無著落地飄浮在台北市區三樓的公寓住處，忽然，心血來潮，拿起電話打給一個許久沒聯絡的法國友人。多年沒聯絡的朋友在越洋電話中聽到我的聲音著實露著驚喜。我簡單地講述這些年來的改變：「拿到學位了！不，沒有安定的工作，但還好，不會餓到。」「我結婚又離婚了，是兩個孩子的媽。」「對，小孩很可愛，但，我沒有全部的監護權，對，我知道，孩子的童年應該在母親的全部照顧之下……。」朋友是個精神科醫師，我知道他心裡想什麼，他知道我受過多年的臨床心理訓練（還是經他推薦找到的教授！），知道我一定清楚兒童的心理發展與母親的照顧有十分密切的關係，他一定在想，為什麼我沒有盡力爭取孩子的監護權。不過，善解人意的朋友並不想在傷口上灑鹽，他轉了個話題：「嘿，你要不要和吉爾聯絡？」吉爾是我相戀多年的法國男友，也是這個朋友自小一起長大的好友。當年我因為思鄉，因為想要重新回來面對自己的文化和家人，所以選擇離開法國，在那種情況之下，吉爾也只能和我相互祝福而分開。從那之後，我和他慢慢地失去聯繫，「他好嗎？」「哦，他過得還不錯，他母親和父親都過逝了，他現在在南部買了個工作室，那工作室眞是美麗，他的畫也開了好幾次個展……」接著，朋友在電話那頭語氣有些遲疑：「還有，他這幾年和一位日本小姐生活在一起，感情生活相當穩定……。」

忘了這通電話是如何結束的，想是一些簡單的「這樣很好，我很替他高興」之類的話。只知道，自己掛上電話之後，完完全全地情緒崩潰了，在模糊的淚眼中，好像看到自己一生中所有美好的事物都從身邊流逝：愛情、親情、友情……，更不用談事業成就或是社會肯定。而這一切原本我也和一般人一樣地用心經營的。記得當年在法國，和吉爾生活在一起五年，之後，往返於台灣和法國兩地，但，那份愛情從原本結婚成家的想望變成相知相惜而分離。然後，回到台灣結婚生子，只是婚姻關係中充滿了相互之間無止境的誤解與責難。

至於親情？和父親的關係是在他去世前兩年才找到充分的了解與愛。母親的身體隨著年齡日益敗壞，但，意識清楚的她，有時在病苦的折磨下所說的話語仍讓她的子女們抓狂。雖然對病痛中的母親只有珍惜，深知不應也不能改變她，但是，對我而言母親是個既親近又遙遠的對象。這就是為什麼喬艾的死亡會對我造成那麼巨大的傷痛，因為，十多年來，我一直將她當作是心靈中眞正的母親……。由於原生家庭中的親情缺憾，所以，對於年長的女性總是多了一份孺慕與期待。想到這兒，我甚至怪罪自己為何沒能像去年一樣，輕鬆地看待師母對我的評語。如果，我能輕鬆以對，那麼，就可以繼續保有這份友誼，和卓澔也可繼續共同探索神秘……。那一夜，我想必是在淚水中睡去的。

隔天，難得地起了一個大早，躺在床上，對於自己的存在有種陌生感，驚訝地發現自己幾乎完全忘了昨夜的憂鬱！更驚奇的是發現當人心情改變時，思緒也會有一百八十度的轉變。昨夜還在為自己的命運感傷，但今天，我慶幸昨夜打了那通國際電話，讓近一星期來因為不輕易認輸而憋住的傷心也找到出口——能掉淚原來是好的！此刻只覺得清新自由，好似有無限的可能在眼前開展。躺在床上閉起眼，我又看到那株藍色的芒草花，在風中細細地搖動著。心中忽然有個領悟：都蘭山所發出的徵兆一直十分明顯地在告訴我們分手的事實。的確，是該分手了！否則，我和卓澔美其名是在探索奧秘，其實只是兩個充滿想像的知識分子靠著強烈的直覺編織夢想而已，這當然沒有什麼不好，但那並非我的意願。雖然還是十分想念並渴望和他家人在一起時的溫暖，但我得學著接受一切，並且走自己的路！

重回都蘭

一大早就讓陽光給吵醒，東部的夏天就是這樣。昨天和從香港來的朋友J一道開車下來，想必他也睡不著，因爲我聽得到隔壁傳來的梳洗聲。我們昨夜就住在一處台東與花蓮交界的海邊民宿，主人是當地的阿美族人。那民宿的外觀就像是一艘船，走出房間就是船舷，看著前方的海面，還眞令人有暈眩的感覺。J也走了過來，他表示自己一個晚上都沒睡好，因爲他在睡前有修持密教咒語的習慣，但是昨夜持完咒之後，睡意雖濃，卻只要一入睡就被一種奇怪的蟲聲吵醒。J一面說著一面模仿那蟲的叫聲，民宿的主人也好奇地加入我們的談話，他不解地表示從沒聽過有這樣的蟲，不過，還是親自到J的房間檢查了一遍，但是什麼也沒發現。J認爲那蟲聲應是某種「看不見的存在」，因爲「那聲音會飄，有時在左邊，有時在頭頂上方，有時又在另一邊出現……。」我們一面說著，一面從民宿的二樓走了下來。用過早餐之後，我帶著J四處走走，來到海邊的一處大岩石下，他側著頭說：「妳聽，好像是那個蟲叫聲！」我沒聽到什麼，但是可以感覺到一股能量從大石塊那兒流竄出來，頓時我想起一段歷史上的戰役，在那場戰爭中，有許多漢人就戰死在這塊岩石邊，因此，我們坐了下來，我將這段清朝末年所發生的原住民與清兵之間的戰爭說給J聽：

清光緒年間，朝廷派兵前來東部開發經營，但因爲當地的原住民不接受，而發生許多襲擊事件，其中尤以發生在光緒三年（一八七七），由當時的總兵吳光亮所指揮的軍隊對當地原住民部落發動的幾場戰役最爲慘烈。

當地的阿美族人在頭目的帶領及聯合鄰近幾個部落，共同抵抗清兵的攻擊……。

這段歷史事件是我來到東部和當地的幾個原住民部落接觸後，陸續聽來的。雖然這件事已發生一個多世紀，但是在當地的阿美族人心目中仍是活生生的記憶。在這段原漢衝突事件中，曾經有過三次戰役，雖然清軍的火力強盛，軍力也充足，但仍每一回都戰敗。據說當時有一位阿美族的英雄 Kafuoc 力戰清兵以致他的手沾滿清兵的血，血液凝固之後這位英雄的手與刀柄幾乎無法分開。當時的阿美族人雖然打了勝仗，但是決意要取得這一帶的控制權的清政府持續地加派兵力，這使得英勇的阿美族人在部落的會議中，紛紛不解地問：「哪來那麼大的部落啊！爲什麼殺不完？」我想，擅長漁獵的阿美族人絕對無法想像他們所面對的是擁有數億人口的大帝國。還記得有一位原住民轉述了部落中的老頭目每當講到這故事時，總會有這麼一段結尾：「我們雖然戰勝了，但那殺戮實在太慘烈了，長老們在部落的會議中決定不再繼續作戰，於是全部族人都往我們的聖山奇拉雅薩山撤退，老人家對著還想乘勝作戰的年輕人說：『這樣的殺人是令人羞恥的，我們躲起來吧！這麼丟臉的事可別讓動物們知道才好！』」

據說在那三次的戰役中，清兵約有上千名官兵陣亡，而我和J所在的這塊大岩石旁，就是第三次攻防戰的地點，在這兒也有上百名的清兵戰死。我手摸著岩石，感受到殘留在這兒的戰爭與死亡的訊息。就在這時我發現J也開始持誦咒語，我和他就這樣在這塊岩石旁待了一段時間，兩人都有著憑弔古戰場的凝重。

J作完簡短的持誦之後說：「看來昨天夜裡的蟲聲可能就是身死異地的漢人士兵的魂魄，我想他們得到佛菩薩的咒力，應可以獲得安寧。」我對於J的堅定信仰是相當佩服及尊重的，雖然自己並無任何特定的宗教信仰，但我知道單純的信仰可以帶動十分強大的心靈力量。和J認識一、兩年了，現在才知道他也有相當的感知能力，我看到他抬頭不斷地望著南方的海岸山脈，於是問：「怎麼樣，你不是想要今天晚上回到台北嗎？還要繼續往南逛啊？」「不，我當然想今晚回台北，但是不知爲何，我感覺到南方有座山在召喚我，一定得過去！」J的太太今晚從香港來台北，我們本就約好要一起去接她，但看來，要回台北還會有一些延遲。J要我幫他看看究竟是哪座山在召喚他，於是我閉上眼來靜心感受，這時，心中浮現的是自從前年冬至過後就未曾再前往的都蘭山景色。對，她就位在南方不遠處！我興奮地對J敘述在都蘭山中所見所聞，及因爲都蘭山所示現的徵兆，所以一直都沒能再入山的種種因由。原本以爲此後要重回都蘭山可能得經過好長一段時間，沒想到現在我又可以感受到都蘭山如母親般的召喚。

於是我和J驅車往南，途中還到商店買了一些物品，因爲J想要對都蘭這座聖山獻上他的敬意。

我們大概是在中午過後進入都蘭山，憑著記憶我找到當時的露營地，上回被挖開的地面矗立著一座巨型水塔。我站在那兒讓灼熱的陽光曬著，附近沒看到半個人影，想來所有的農夫也都避開中午這段炎熱，休息去了。J示意要我幫他將獻祭用的五色豆穀拿出來，然後他點燃隨身攜帶的香枝，並且低頭閉目專心一致地誦念咒語，我可以感受到J誠摯地向都蘭山致敬的心意。

就在專注於傾聽J的聲音時，我的意識狀態受到一股由空氣及大地流竄而來的能量所改變。我開始發出召喚老鷹的聲音，而這聲音是離開都蘭之後就再也發不出來的，現在，那召喚的聲音不斷地從我體內發出，我一面發出那無法形容的尖銳嘯聲，一面想，萬一此刻山中有人，不知會作何想法？大約過了三、五分鐘左右，那股能量消散了一些，我停住叫喚，抬眼望天，一分鐘，兩分鐘，我搭著手繼續望著，J問我找什麼，我還沒來得及回答就聽到谷中一聲鳥嘯，然後一隻；不，兩隻，三隻……哦！仍然是前年的那四隻鷹從谷中飛出。看著那四隻鷹，我好像見到多年不見的老友一樣高興。

J看著我，兩眼閃著快樂的光芒：「我要謝謝妳，帶我來到這座山中，這裡眞是充滿著神聖的能量。」「不，應該是我謝謝你才對，如果不是你接收到都蘭山的召喚，那麼我現在也不會重新站在這個讓我感受到無限幸福的山谷中。」是，這就是都蘭山對我的意義，那就是幸福的感受，這是無法說明的，只是一種感受，我想那眞的很接近嬰兒在母親懷中的狀態。我問J他所做的儀式的意義爲何，又爲什麼在儀式中他拿出一些藥丸，就是密教儀式中常見的由法師加持過的法藥，將之和在酒中，然後灑在山中各處。J的答覆是：「那是幫都蘭山療傷的，因爲她受傷了，而我相信這些法藥是具有療癒效果的。」

這個答覆讓我感動好久，也許就理性的層面而言，這個舉動相當荒謬，一個人如何療癒一座山？但是在某種無法以理性語言形容的感知狀態中，我相信都蘭山的確召喚了J，而J也的確療癒了都蘭山。

月光山谷

就在和J一起重回都蘭的那一次，我明確地接收到都蘭山要我再回去進行四天三夜的齋戒與僻靜。不過這一次不能再回到上次的營地，我得自己找到露營的地方。有一天和住在知本的卑南族朋友 Sauma 在電話中談起來：「對，我要到都蘭山，四天三夜，不吃不喝，所以不用幫我準備食物，只要找到合適的營地就好。」朋友對我這種奇怪的舉止早就見怪不怪了，他還說：「我們部落的巫婆以前也會作這種事，不過現在很少有人願意當巫婆，大家都信基督去了……，哦，我知道有個地方應該是那個不錯的，妳下回來台東我帶妳去看。」

Sauma 帶我看的營地是在都蘭山朝向花東縱谷的山谷中，那是他的一個布農族朋友家的地，主人對這片山地十分用心，完全看不出有任何刻意的建設，只有兩個茅草屋頂的木造工寮，還有就是進入谷地可供停車的空地上所蓋的一座簡單的衛浴。主人希望這兒成爲一處自然教室，透過這個場所讓外人了解原住民與大自然之間共存的傳統文化。

秋分那天我從花蓮開車來到知本，然後朋友再帶我上山，等到帳篷搭好時已是下午了，一整天沒有飲食，Sauma 不停關心地看我的氣色，我向他保證不會有事，同時也請他不用向這塊山地的主人提到我不吃不喝的事。果然，熱情的主人跟上來，還問我要不要在山上野炊，因爲他的菜園現正好有許多可口的蔬菜，我只有指著一旁的 Sauma 說：「謝謝你，我想 Sauma 會幫我帶便當上來的。」主人看一切都安排好，沒說什麼，只留下他的手機號碼以便有事時可以找到他，接著又介紹我認識住在工寮內，一位在山上種植生薑的阿美族老人家，之後就騎著摩托車下山去了。Sauma 在一塊大岩石上擺上米酒和檳榔，和我一起向都蘭山獻上敬意之後，就開著我的車回去了。這下子只剩下我一個人在這個寧靜的山谷中。

Sauma 離開好一會兒了，下午的陽光照著這片西向的縱谷小山坡，一陣睏意，我躺在曬滿陽光的平坦大石上，像蜥蜴般吸足了一身的夕陽。不知自己何時睡去的，醒來時身上微有寒意，太陽完全落到中央山脈那頭去了，視線所及一片昏暗。看看斜坡下方的工寮內毫無炊煙，想起那位種生薑的老人家說過要下山去的。我移回帳篷內，滿意於自己找了一處安靜的營地，聽著唧唧的蟲聲，不知不覺地又睡去了。再醒過來只見帳篷外頭的一道光束，耳中聽得伴隨摩托車引擎聲的喊話：「我要和妳聊天！」聽這腔調是那位阿美族的 Faki（意即「舅舅」，也是母系社會的阿美族人對男性長者的尊稱，猶如父系社會叔叔、伯伯的稱呼）。我實在累得睜不開眼來，但是又不好不理會，見我鑽出帳篷，Faki 熄掉摩托車引擎，示意我找個地方坐，等他將車停到工寮旁再來和我聊天。

當我走到剛才躺過的大石旁，一轉身，整個人的呼吸幾乎被眼前所見扼止住了：

我看到滿山滿谷的月光！天上那幾近飽滿的月輪讓我想起中秋剛過完沒多久。坐在大石上，我將放在石塊旁剛才和 Sauma 獻祭沒用完的米酒及半包檳榔拿給 Faki，雖然才在山下的村子裡和朋友喝了些，但現在他酒興正濃。也正因爲他喝了些酒，才會想要找人聊天。我了解一般的原住民老人家除了國語能力有限之外，也因爲族群習性就是不喜言說，所以一般是相當沉默寡言的。

微涼的風吹來，月光如同一張薄紗罩在山谷中的每項事物，在這夢境般的景色中，Faki 一面就著瓶口喝酒，一面說著他的人生：「我是花蓮吉安的人，當兵志願留營，爲什麼志願留下來？因爲那時我在村子裡剛結婚的老婆不要我了！我當兵放假回媽媽家，媽媽要我去看看老婆，她說：『去問問看，她到底怎樣，還要不要跟你？』結果，我在她家門口就看見她的男朋友，一句話都沒說，就轉頭回去了。退伍後我到處做工流浪，哪裡有工作就住到那裡，一直到遇見後來的老婆，她就是山下村裡的布農族。我住到這兒已經二十年了，今年六十多歲……。」

當年在月光山谷閉關紮營的後方，現今是鷺山森林博物館入山獻祭的祭壇。

由於這些年來我和東部一帶的原住民有不少的認識與互動，所以完全可以了解Faki所敘述的眞實情境。母系社會的原住民部落，男子婚後通常是『從妻居』，因此，Faki新婚不久的妻子，在Faki服兵役時另交男友，放假回來的Faki發現之後沒有任何爭論就離開了。這是和大自然共存的部落民族的特性，因爲情感破滅而引發的暴力是他們無法想像的。男性對於所愛的人另結新歡，即使無法心懷祝福，但大多數的反應是：「就是這樣子啊！」地接受。

離開故鄉多年的Faki後來認識了一位布農族的婦女，因爲丈夫早逝，在台東的工地工作賺取小孩的生活費。Faki娶了這名婦女之後，兩人並沒有生育，但是Faki還是盡力撫養妻子的小孩。幾個小孩長大後，他們夫婦倆就回到太太的村子裡，平日就到山裡種生薑：「後山這片生薑都是我和她一起種下的，只不過，還沒等到生薑收成，她就走了……」那是半年前的事，老伴走了，Faki還是每天一個人在山中照顧生薑，他看著月光照亮的山谷，揮著手說：「一大片都是生薑，妳看不出來吧！因爲我都種在樹木中間，我還種了好多木瓜和地瓜，很多很多，都讓它們自己長，生薑其實並不需要特別照顧，只是我習慣上來這裡，夏天睡這裡也比較舒服，只是，接著天氣要變冷了，我等山下收生薑的商人上來，賣掉這片生薑，就不再上來了，唉，就是這樣！」Faki還穿著短袖的汗衫，我問他要不要加件衣服，他拿起酒瓶說：「這就是我的衣服，有這個不冷！」我們兩個人對著酒瓶愉快地大笑。我問起Faki他老婆是個怎樣的人，Faki看著遠方的山緩緩地說：「她是個好女人，對我眞好，工作結束時，她就會問我：『老公，你累不累？要不要喝酒？』然後，我會對她說：『好累啊！我想喝酒！』她就會去買酒，然後，我們一起作飯，一起喝酒，然後睡覺。她眞是個好女人！」Faki的聲音有些感傷，我轉移話題問他那些生薑可以賣多少錢，Faki的精神又回來了：「大概四、五十萬吧！」我對這個數字很驚訝，流露出羨慕的口氣，Faki則興奮地大聲說：「我賣掉這些生薑就回花蓮，回去媽媽以前住的地方，我想看看以前的朋友和親戚……」「然後，你會留在花蓮嗎？」「然後，我也不知道，

鷺山森林博物館壯觀的千年白榕樹——「會走路的樹」。

山下的房子是老婆的，她有自己的小孩，如果小孩跟我要，我也會還他們，花蓮的朋友也許有工作等我去做吧！」

那天晚上，那個 Faki 也許眞地喝醉了，他還對著我唱了許多好聽的歌，然後搖搖晃晃地邊唱著歌，邊走回工寮，而我則繼續坐在月光山谷中沉靜地思考著。我想著童年時從父母身上未曾認識過和諧的婚姻關係，而在自己婚姻中也沒能享有像 Faki 和他太太那樣單純的美好關係，想起自己三十多歲時，不斷地以心理分析的角度來看自己的人生際遇，並將之歸因於原生家庭的情感模式，因爲如此，更是不斷地要求自己要改善當時的婚姻關係，一想到離婚就好像是宣告人生徹底的失敗。正因爲這樣，才歷經了九年的內心掙扎與矛盾。離了婚之後，雖然過得十分自在，不過，仍然得不停地面對子女的適應問題及社會上許多不同的眼光。雖然後者在我心中所具有的重要性不大，不過，每每有人問起離婚是否因爲先生有外遇（好像那是女人唯一可以離婚的理由），而當我的答案是否定的時候，通常都會遭逢異樣的眼光與質疑的語氣，那時我總會心懷憤懣。但今晚聽著Faki對妻子的懷念，深深地感受到這個世界的美好與短暫，在這個感受中，我對整個世界及我自己達成了某種諒解。月亮在手臂上反射出某種不眞實的微光，覺得整個人就快要溶入那流動的光芒中，剎那間我進入一種領悟，一個輕柔的聲音在我的心中說著：「幸福是一種能力，而不是任何具體的條件。」我想起嬰兒滿足的笑容、寵物的眼神以及綻放的花朵，是啊！幸福是一種品嚐及融入的能力，正如我現在品嚐著生命的感動，並且溶入這月色！夜色中好像有人輕輕地對我說話？是誰？這一回可讓我逮著，我抓到滿滿的月亮，是她沒錯！

水、火與風之夜

天亮了，在帳篷中支著身子看書，這回帶的是厚厚的水滸傳，打算這幾天就和梁山泊好漢廝混。剛剛才用山泉洗過身子，全身充滿力量，一點都不覺得疲倦或飢渴。正看到楊志賣刀那段，Sauma 的頭探了進來：「以爲妳被山靈帶走了呢，我走過來妳都沒出聲。昨晚有沒有蛇啊？這裡有些潮濕，妳應該選那片曬得到太陽的草地搭帳篷才對，還是不想吃東西啊，眞是拿妳沒辦法呢……。」Sauma 問我要不要到他家裡坐坐，我想想也好，於是和他走出來，正要坐上車我跟 Sauma 說：「等等，我得和 Faki 說一聲，免得他以爲我失蹤了。」「現在太陽都爬得那麼高，Faki 不知道已經在山裡面的哪個地方照顧他的生薑去了，別擔心，我們的人都會伸鼻子感覺的，不像你們一定要用說的還不一定明白……。」

在 Sauma 家沒聊上幾句我的睏意就來了，自從有了上回的經驗，我知道不吃不喝一定會需要許多睡眠，也好，這樣我的五臟六腑正好可以充分得到休息。我應是從中午睡到下午四點多，Sauma 讀小學的兒子回家了，樓下傳來兒童玩樂的聲音，記得有人曾經對我說過，那是最好聽的生命之聲，是誰說過這話？是喬艾！那時她已經知道自己得了肝癌，剛作完一次差點喪命的化療。我去她家看她，因爲是星期三，法國的幼稚園不上課，所以帶著兩個小孩一起。我怕小孩在屋裡吵著她，讓他們在後院玩，獨自走近她在樓下起居室的臥榻。喬艾抬了頭看是我，虛弱地示意我坐在床邊，用微小的聲音說：「謝謝妳帶來的禮物！」我幾乎每天都去看她，那束昨天的花還在瓶裡綻放著，今天並沒有特別帶什麼東西過來，「是小孩的遊戲聲！這眞是最美妙的生命之聲！」記憶裡那個巴黎郊區的後院中，小孩高興的笑語和現在樓下的兒童玩樂聲在我的心裡重疊了起來，我躺在 Sauma 家樓上的客房中，沉浸在回憶中久久不能起身。

Sauma在樓下問我要不要回山上，再不回去雨會越來越大。「颱風呢！妳留在我家吧，都蘭山上又沒有寶貝等妳去挖，幹嘛一定得回去？」我還是堅持一定得上去，記得上回也有個颱風，當時也還是睡在山上。Sauma開車送我上山時雨勢不斷地增強，我擔心他下山的路滑不好開，謝絕他想留下來陪我一會兒的美意，硬是讓他馬上回去，然後，我拉緊防雨的外套，拖著濕滑的步伐走進帳篷。帳篷因爲承受了太多雨水而傾斜，有些角落也進了些水，不過大致上還好。我剛舖好睡袋，就聽到腳步聲並且看見搖晃而來的手電筒光束，是這片山地的主人夫婦因爲不放心而上來看看。主人堅持要我離開帳篷，因爲這兒再過一會兒就會淹水了，看我一臉不信的樣子，主人用他的膠鞋踩著地面說：「妳看，水冒上來了。」他們要我挪到工寮去睡，反正那個Faki今晚是不會上來了，他還說要我別客氣，就睡他的床。主人夫婦幫我將睡袋和墊子拿到工寮內，然後熱心地幫我起了火堆：「一定得有火，妳記得要醒著點，起來添木頭，不然怕下雨的夜晚會有蛇，記得噢！」這對熱心的夫妻幫我打點好以後，滿身濕漉漉地騎摩托車下去了。我擁著睡袋坐在工寮的竹床上，頭上的茅草屋頂雖然剛才加了一張帆布，但還是有一處滴滴嗒嗒地漏雨。我找了個水瓢接住漏雨，聽了一會兒Faki的電池收音機，也就著手電筒的光看了一會兒書。然而眼睛疲累了，只好闔上書本，下午想是睡太多，現在仍是沒有半點睡意。看著前方山下縱谷的點點燈火，風夾著雨不斷吹過來，奇怪的是這個三面透風的竹子工寮應該會飄雨進來的，可是我坐在裡頭大半天只感到潮潮的濕氣，並沒有任何雨水侵濕的跡象。

慢慢地覺得睡意上來，這下子我又犯愁了，因為得保持清醒添柴火。我半躺著打盹，然後一陣蚊子叮咬將我弄醒，原來火快熄了！沒有火及大量的煙氣，蚊子就放馬過來。還好，這山中毒蟲就只是蚊子！想想，其實我對蛇從沒害怕過，小時候住在日本宿舍中，常會在浴室或廚房看到盤捲成團的蛇，而我的反應只是沉靜地走過，再去告訴大人。記得母親處理的方式是讓我到庭院拿香拜拜土地公，然後燒化一些金紙，因爲她相信那是土地公的僕役，不可以驚動牠。想是這樣的童年經驗讓我對蛇沒有畏懼感，不過，蚊子可就不一樣了，這山上的蚊子咬起人來特別的痛，半醒狀態時除了起身添柴火還可以搖著床上的一把扇子，但是每當我沉入睡夢之間而火勢漸滅時，牠們一定會過來大肆轟炸一番。於是，整個風雨飄搖的夜晚，我在睏意及蚊子叮咬之間往返，直到天色透亮才得以睡去。

被Sauma叫醒時我覺得自己才睡去沒多久，但是Sauma將我往頭上拉的睡袋擋住，二話不說開始動手收拾我的東西。雨勢還是很大，我揉著眼問他要做什麼，「帶妳下山啊！」「我不想下山啊，我得到明天一早才會離開都蘭。」我心裡一點也不想下山，雖然夜間那些蚊子擾人，但是只剩下一天，我可以白天沒有蚊子時睡覺，然後一整晚看著火堆。一想到可以白天睡得飽飽地，晚上玩火，整個人都覺得興奮起來。不過Sauma完全不理會我的想法，仍然邊叨唸著邊將我的東西往車上搬：「氣象報告說今天一整天雨勢會更大，這兒很可能會有山洪，妳留在這裡我今天晚上會睡不著……。」

當我坐上車子後，這下子發現眞的要離開這片谷地了，心裡默默地向這個地方致謝，接著，我想著要往那裡去？「去 Sauma 家？」「不！去看得見太陽的地方！」當內心浮現這個答案時，這才想起，明天一早得見到太陽，如果待在這個朝西的谷地，即使天晴，也不會有看到朝陽的機會。這下子我想起了上回去過的那座小廟，那兒可以借住一晚，而且，一大早可以看到太平洋的日出。於是我向 Sauma 說明不住他家的原因，並且和他道別獨自一人往記憶中的那座小廟出發。

雖然一晚沒睡好，而且也已經兩天兩夜沒有吃喝，但是精神卻異常地飽足。我從海岸公路那頭開進都蘭山，雨持續地下著，滂沱大雨中我完全在山中迷路了！有好幾條似曾相識的產業道路，但怎麼樣也到不了那座面向太平洋的小廟。記不得是第幾次繞回同一條小路，就在一個轉彎，因爲視線模糊讓我錯估了彎度，只聽到「哐啷」一聲車子的左前輪就這麼陷進田邊的溝渠裡了。當我會意過來時，不知爲何，一點都沒有先前找不到路的慌亂，反而覺得事情會順利地發展下去。我拿出後車廂的傘，走向最近的人家，不到五十公尺就看到一個中年男子騎著摩托車過來，我揮了揮手向他求助，心裡十分清楚鄉間的人一定會伸出援手的。果然，這位大哥在看過車子的實際狀況之後，馬上又騎著車往他的工寮找工具去，二十多分鐘後，兩個人合力推抬，總算解除了困境。就在向這位熱心的大哥致謝時，我忽然想起要向他問路，而這一問可就問對了，熱心的指路人因為口述難明，還騎著摩托車在前頭一路領我抵達目的地。

日出東海

小廟仍然是老樣子，那隻叫「妹妹」的黑狗在雨中跟著我的車跑，我走下車時，牠還記得我似地搖尾巴。管理廟務的陳先生還是那張親切的笑臉，他也還記得我！簡單地交談後，睏意濃濃地湧上來，天色剛暗，時鐘指著六點，這才想到昨夜睡不到兩個鐘頭，而今天又開車又找路，剛剛還使出吃奶的力氣抬車，這下子可全垮了！陳先生開了一間供香客住宿的大房間給我，匆匆梳洗後，我就拿出櫥櫃裡的棉被躺了下來。雖然棉被透著有些刺鼻的樟腦丸氣味，但我還是馬上進入夢鄉。

記得睡前還聽到鐵皮屋頂叮叮咚咚的雨聲，不過一覺醒來時，雨聲已經停止，萬物悄然，那沉寂讓我有好一會兒以爲自己仍舊在睡夢中。在漫無邊際的夢幻與現實的交界之中，有個具體成形的想法才讓人意識到自我的存在：「我該起床等待朝陽的！」「朝陽？昨天那一天的大雨，今天會有太陽的影子嗎？」不論如何，我還是得起床，因爲我開始看得見室內的陳設，那表示天快亮了！

披著外套，我走到室外，「妹妹」搖著尾巴走過來，我和牠一起站著面向灰濛濛的太平洋。過了一會兒，開始看見雲層與雲層之間透著亮光，隨著亮光漸漸上昇，我完全相信今天早上可以看到日出！果然，不到兩分鐘的時間，一個金色的圓球在兩道雲層之間向我示現，那金黃色的光芒在刹那間進入我的左眼。看著那道光線，也許只是幾秒鐘，但感覺好像是無止盡的，而一道光與熱不斷地在我的左半身流竄著。太陽只露了那麼一次臉，接著就是漫天的灰雲，不過，我已十分滿足。陳先生也開了廟門正打掃著，我進去合掌致意後，忽地被一陣兇猛的飢餓感給撞擊得頭昏眼花。進房拿出帶來的五穀粉，向陳先生借了個馬克杯，迫不急待地泡了開水喝下，這才讓我回到現實世界，然後我知道是離開的時候了。

回程的路，我在台十一線上，右邊是太平洋，左邊則是青翠的海岸山脈，一路放慢著速度開，因爲我想多呼吸一點都蘭山的氣息。我不知道明年或是以後是否還會再進都蘭山作這樣的僻靜，但是，有一件事她很清楚地讓我知道：不論日後身在何時或何地，只要我覺得孤獨或傷心，我都可以穿越時空，重新回到那片充滿幸福能量的月光山谷，而當我覺得軟弱或是無助時，我可以再度召喚那海面的日昇之光，這訊息是當我和都蘭山告別之時進入內心深處的。

2

祖靈之路

愚者之心

就在第二次的都蘭山避靜之後，一個冬日上午，我在花蓮，正離開一處農場往吉安的住家行駛，也許是因為那好久不見的陽光，我忽然決定避開省道彎進一旁的河床低地，放慢速度漫無目的地行駛在迷濛的陽光中。不知何時，我進入某種與現實離線的狀態，眼中所有只是那不停變幻的光影。當意識回到現實時，才猛地發現在這種半夢遊狀態已過了一個多小時，然後，我發現自己迷路了！我不停地回到同一個地點，已經不知道是第幾次回到那個熟悉的轉角，這才放棄找路的企圖。雖然戴著墨鏡，仍可感受到白花花的陽光灑遍人煙罕至的河床地。

好不容易看到一輛車的蹤影，是一輛小貨車！我搖下車窗，高聲向那名貨車司機問路，從他的外表看來，是一名原住民，大約介於三十到四、五十歲之間，我知道由於粗重的工作及酒喝多的關係，許多從事勞力工作的原住民男性，他們的外表往往比實際年齡看起來老些。我還是叫他一聲大哥！一臉的倦容，看得出來昨天晚上他喝了不少，不過我對這樣子的人有著十分的信任，因爲他們多半都是老實的好人。果然，司機大哥很努力地想要讓我搞清楚方向，只是在這片低陷的河床地形裡，我不太能分辨得出東、西來，好一陣比手畫腳，總算是有些懂了，就在揮手向他致意告別時，這位大哥直直地看著我的眼，意味深長地說：「那副黑黑的眼鏡不要戴了啦，路都認不出來了，妳！」標準的原住民國語與幽默，我失聲大笑，重新發動引擎往吉安的方向前進，一路上發現自己無來由地好心情。

這個好心情一直維持到那天傍晚，搭飛機回台北時。坐在飛機上，我訝異地發現，這名宿醉的原住民司機對我所造成的能量提振是一件多麼不簡單的事，那是有著流暢心靈的人才能擁有的力量，而他，又是如何辦到的呢？答案是因爲他是個原住民！我試著回想早上所見到的那位貨車司機，回想他那被酒精及粗重的工作與壓力所造成的臉色與線條，並且想像自己如果處在他的生命狀態會是何種心情——那肯定不會太好受！我知道喝醉酒的隔天會有多麼的不舒服，以及隨之而來的沮喪心情：那是一種怨恨自己的心情，在那種身心狀態之下，我不會有心情去工作，也不會有心情為一個沒有任何方向感的中年女性指路，當然，更不會有任何幽默感讓她為之保持一整天的好心情。

這位原住民的貨車司機讓我回想起，這些年來在花東一帶與幾個原住民部落相處的回憶。那回憶充滿了挑戰與挫敗，這經歷不知該從何理出頭緒，因為我不知道它到底要提供我什麼樣的生命教誨。但，今早的遭逢，讓我開始了解其中的一項重要意義，而這一切都得從一名綽號叫「還得了」的阿美族青年說起：

應該是二〇〇二年的冬天，自從參加過兩場吉安鄉東昌村的阿美族巫師祭之後，我從大巫師 Kamay 阿嬤及她所帶領的巫師團隊體會到原住民巫師的信仰力量，此後，每到花蓮就會感受到一股召喚，這個召喚讓我一得空就開著車子往海岸線跑。其中我特別被一片藍天碧海所吸引，也常在那一帶作停留。就這樣我認識了東海岸上的一個阿美族部落。有一天傍晚，我又開車前往那個村子，聽村子裡的人說有場歌舞表演正在排練，於是我來到那個排練的場所。

那是塊海邊的空地，原本是水田，當地的原住民將之闢爲一個休憩場所：水泥小屋，一旁大岩石下有一座由細竹子搭起三面牆的棚子。竹棚裡有一堆火，幾個人在那兒烤火，看到我和同行的一位女性朋友走過來，他們都非常熱烈地招呼。烤火的人問我們要不要一起吃晚餐，我們接受了一頓簡單但美味的白飯及魚湯。我帶了幾瓶米酒及一些檳榔，晚飯過後，只聽得陣陣摩拖車的聲音，有些人陸續地過來，不過，看不出他們有任何要排練的動作。酒倒在小竹筒裡輪流地傳遞著，大伙漸有酒意，原本沉默的一群人也開始有了話語。一位高大的年青人拿起吉他低聲地彈了起來，有人跟著唱，都是時下流行的歌曲，不過和著陣陣的海浪聲聽起來別有一番滋味。

有個瘦瘦的年青人原本沉默地喝酒，他就坐在我旁邊，隨著酒杯傳過來的次數增多之後，他開始說起話。就在歌聲停歇時，我也注意起他說話的內容，他正在訴說今天下午的遭遇：「我今天上山了，有一隻猴子，然後又有一隻，牠們兩個就疊在一起，牠們眞是快樂啊！」大伙一陣笑鬧，這又是標準的原住民笑話，和我小時候在鄉下成長的環境有些相似，接觸土地的人開起玩笑來不外乎男女及大自然界中的交媾，但其中自有其純眞的樂趣。這個綽號叫「還得了」的人不理會大伙的笑鬧，仍舊低垂著頭，慢慢地說著他的故事：「……後來，我下山了，路上看到阿德也上去，我叫他不要吵那兩隻猴子，他沒說什麼就走開。傍晚，我走過阿德家，看到猴子都被殺了……，討厭的阿德，他爲什麼要抓那兩隻猴子？！」有人提醒他說：「那你還不是常常上去抓猴子加菜，爲什麼阿德就不可以？」「那不一樣，那不一樣……」接著「還得了」喃喃地用阿美語說了一些什麼，只見聽的人一陣沉默，然後有人告訴他：「你醉了，回去吧！」

那天晚上的排演我並沒有留下特別的印象，倒是「還得了」的故事讓我相當震撼。在他有限的語言中，我可以了解那個原住民的年輕人在短短的一天當中，見識到大自然界生命的性愛至樂與死亡錯愕的交集，他的震撼也隨著語言的敘述傳染給每個人。

這件事之後，我還是常常前往那個濱海的村落，甚至將當時任職顧問的公司員工帶到當地和這些人互動。那時，我認爲自己在做一件身爲文化人類學者在研究工作之外可以眞實從事的一件工作，那就是：作爲一個人，我無法滿足於學院訓練中所強調的「客觀」觀察與研究，我希望能進行眞實地接觸——以人的身分！

但是，我遭遇到很大的挫敗，事情沒有如我想象中的單純。那個挫敗在當時對我而言十分地巨大，甚至懷疑自己的立意只是全然地自我造作。爲了挑戰這個懷疑，還離開當時的工作，以一筆銀行的借款和幾位好友的贊助，毅然決然地投入原住民的部落工作中，而在那段期間，我也不斷地在靈視狀態中看見一座理想的原住民工作村：

一座以圓爲原型的工作場域，座落在村子的外圍。以傳統母系社會的男子會所爲核心，部落的長老是顧問，中年階層則是決策者，青壯年便是行動者。圓形場域的外圍是女性的結盟，她們擔任日常的經營與管理。在那個工作村裡，人們重新回到傳統的部落中人和自然之間的挑戰與和諧……

其實會有這樣的靈視並不是沒有個人因素在裡面的，因爲我一直相信人只有在充分成爲自己時才是完整的生命。但是放眼望去，文明社會中鮮少有人勇於當自己，大多數的生命是以家庭、社會的標準爲其努力的目標，要不，就是處於反抗與掙扎當中，二者對我而言都是一樣地徒勞。

我並不認爲當人以其內在的價值爲主體考量時，就會忽略或喪失回饋社會的良知，或是因此而無法與家人和諧相處；乃至於失去共同承擔生活的責任感。然而現代人最大的悲劇莫過於教育普及，人們將小孩集體送到學校，接受同樣的價值與道德觀。大多數的學校教導的不是自由思考，而是接受與服從。我常想像這樣的教育體制只是教導出上班的綿羊，在我們的社會當中，綿羊的好壞是以考試的能力爲標準。我所熟悉的「文明」社會，一切的價值判斷是以個人所能追求到的成就爲主，無論是哪一方面的成就，其最終指標就是社會共同的認可，也就是所謂的社會成就，換個更容易明白的說法就是財富的成就。是的，我們大多數的人都是以社會集體價值觀作爲牧欄，而絕大部份的人都是關在這座圍欄中的綿羊！

不過，我並不是說這樣的社會錯了，而是任何一種社會價值或道德觀都只是建構及維持的機制，就好比一項遊戲的遊戲規則，它並非唯一的眞理。遊戲規則當然十分重要，但，它存在的目的只是爲了讓遊戲成局，而非讓參與其間的人玩到身心俱疲，甚而喪失生趣。這正是我們的社會所有的問題，每個人都太當眞了！眞的以爲生涯必須規劃，立志必須趁早，而生命必須具有意義！因爲一切都太當眞，所以當事業或是感情一遇挫折，就會失落不振，甚或整個生命爲之失去意義，進而生出毀滅的意念——自毀或是毀滅那個讓你想要自毀的對象！

於是，文明社會中的我們，大多在很早很早的童年時期就失去了自然幸福的感受，從很小很小的時候，我們就被教育成幸福是有條件及有代價的。文明社會的身、心疾病全部來自這些誤認，壓力症候群更是現代社會普遍的共相。記得有一年我短暫地在一個建設公司工作，每個同事從一大早就緊張而忙碌地進入公司，老闆的每一項小小要求都被視爲無上重要的任務。當然，相較於以前在法國的社會福利體制裡常見到的懶散與怠惰，這樣有效率的工作態度是相當正面的。因爲你不會爲了到銀行轉個帳用掉一下午的時間排隊，也不會在進入一家普通價位的商店被店員冷漠的態度給激怒。但是，當整個社會是以金錢及其所帶來的成就爲取向時，沒有人能接受失敗，失敗者只能帶著沮喪的埋怨或是暴力的抵抗這兩種態度來回應，這就是每天打開電視及報紙時常見到的社會寫實。

在那個建設公司，我只停留了一個星期，離開的原因是發現自己不適合，而提醒我這個事實的是一個實在看不慣我的同事。有一天當我哼著歌走進辦公室時，她實在忍不住了，她說：「我很奇怪大家都那麼地努力工作，而妳一點工作壓力都沒有，每天吊兒郎當地上班，要知道在這個公司，只有老闆走進來會唱歌，我們是忙得沒時間的……。」我心裡訝異的程度其實和她沒什麼兩樣，我訝異的是：「工作就好，爲什麼要有壓力？」

與原住民接觸時，我常被他們那孩童般的眼神所吸引。或許是這種純眞的心讓早期的人類學者將部落的土著視爲「人類的孩童期」，尤其是深受進化論思想影響的文化進化論者，一致認爲部落文化是人類早期文化的活化石。當然這些看法隨著新的理論出現早已不再被重視，但是並沒有任何理論直接地指出文化進化論的悖謬。我所接受的歐洲學院訓練強調的是解讀文化深層的意義，而不是在不同的文化之間作比較，但是我仍然不時地思考這個文化進化論的問題。的確，和一般文明社會比較，部落社會可說是相當地「落後」。哪個地方落後了？部落社會與文明社會，在生活的舒適與社會階級分工這兩個層面上是有著十分明顯地差別。而這個差別就造成一般所認爲的落後與進步。然而，落後與進步的基準來自觀看者所站立的位置。

也就是說：如果，你所站的位置是離土地愈來愈遠的文明社會，那麼，你看到的部落生活就物質文明而言是所謂的「未開化」與「落後」。但是，且讓我們位移到和土地「直接」接觸的部落生活，你會發現，自遠古以來就活在沒有貨幣與文字的部落民族，他們保有十分豐富的重視直覺與靈性的力量，而這樣的力量是來自群體的分享，但又尊重每一個單一成員的內在生命的文化態度。

也許，地球上的人類並不是單一演化的，更有可能在歷史的演進過程中，有些族群持續過著部落的生活型態，而那樣的生活型態可以讓精神文明得到更多的滋養與演化。我想像著一道抽象的人類文明史的分水嶺：有一群人進行理性與物質的文明演化，而另一群人則持續朝向心靈的能力推演！在物質文明的演化中，金錢與知識是建構權威的最佳途徑，因此，在我們的社會中，無論是金錢或知識都是私有的，所以有所謂的智慧財產權。反觀部落文化中，物質是共享的，精神與知識更從來不會是個人的財產。

我時常回顧這些年來所遭遇到的諸多人性挑戰與挫敗，其間當然少不了不平與怨尤。但是，那個名叫「還得了」的年輕人的眼神和他講述自我感受的語氣，也常在我的記憶中浮現。讓我難以忘懷的是他那顆單純的稚子之心，那樣的心態在現今的文明社會中常被視爲愚者的心態。我想，我在「還得了」的眼神中找到了某種熟悉的自我面相，而我也相信，在每個人的內心深處都住有這麼一個純眞且愚稚的孩童！

當我透過這個內在孩童愚稚的眼睛看著自己數年來生命中的挫敗經驗時，我發現怨尤與不平也悄然消逝、了無痕跡，最重要的是不再責怪自己的愚蠢，而天知道，我對自己的苛責有多麼強烈?!尤其是每當我告訴別人想要和原住民朋友做些什麼事時，剛開始總會出現一陣沉默，然後是些許的笑聲含帶著諸多的忠告。那場景總是讓我對自己及他人心生諸多嗔恨。不過回顧一切，在經歷這許多之後，心中最慶幸的是自己那顆童稚之心依然鮮活生動，同時我也清楚地知道，不論人立足於何處，都該以內在的童稚之心作爲永恆的出發點與回歸。

捍衛生命中美好的事物

Sauma 和我坐在他們部落中的男子會所「巴拉冠」前面，在黑夜中，那座竹子與木頭搭建起來的傳統會所好像有股深沉的力量在裡頭流蕩。因爲是女性，所以不能太靠近會所，但是，我絲毫沒有覺得被輕視，畢竟 Sauma 所屬的卑南族部落是母系社會。女性在土地及家屋的繼承與支配上擁有相當的權利，而男子則在進入青少年階段就集中住到會所，過著嚴刻的團隊生活。不過，這樣的社會結構已幾乎消失了。

記得幾年前是在台北一家小酒館認識 Sauma 的。那個地方經常聚集一些藝文人士及原住民朋友，也許是因爲藝術家和原住民有許多共同點吧，其中之一就是熱愛飲酒與歡笑！也還記得那個晚上，Sauma 已經喝得差不多了，和他同桌的友人想到他還得回台東，所以拼命勸他喝茶。於是 Sauma 轉到我們這一桌來，沒想到和他完全不熟的我們仍是默契十足地倒茶給他。Sauma 就這樣一副無奈地坐在我面前，我看著眼前這個充滿力量，但明顯地被自己所擁有的力量困住的原住民，忽然知道我必須伸出手來，於是，我要他給我他的手，然後，我直接讓他身上的力量透過我說話：「朋友，你知道你是誰嗎？知道你的傷心就是你的力量嗎？」Sauma 臉上的酒意似乎因爲聽到這話而醒了過來：「妳怎知道？」「哦！不是我知道，是你的祖靈讓我看見你！」Sauma 深吸了一口氣，接著他泛紅的眼充滿感動地說：「那我要請妳幫我問祖靈，我該怎麼做？我好沮喪，這麼多年的時間，我從台北回到部落，爲的就是學會當一個人，當一個眞正的原住民，可是我不知道該做什麼，好像有許多的失敗，不停地失敗……。」

Sauma 多年的挫敗與沮喪在這個小酒館昏暗的燈光中流蕩迴旋，我的心爲之而動，我抓著他的右手去撫按他的胸口：「這就是你的力量，你的挫敗不是你一個人

卡大地布部落祖靈屋。

的，是整個族群甚至是全人類共同的挫敗，而感受到這個挫敗及它所帶來的沮喪就是你的力量，Sauma你的力量就在這兒，我要稱你爲英雄，只有英雄才會有勇氣承擔這麼深刻的挫折！」這之後，Sauma就常常和我在夜深時通電話，有時是凌晨兩、三點，他喝醉了，但心卻醒著：「妳告訴我，爲什麼我的挫敗是全族群，甚至是全人類的？」「Sauma，我要你想像我們人類是這個宇宙中的生命體之中的一環，在這個大體內，想像地球的人類形成一個共同的身體，而原住民的心靈就如同孩童一樣，他們是最純淨的，就像人體的肝臟一樣，當肝臟出現問題，那表示這個身體的淨化功能已經出問題了，而不是肝臟本身的問題！」「所以，妳的意思是說，原住民的問題是一種警訊，不是因爲原住民是墮落或是無知的！」我知道Sauma聽懂了，他是從內心深處了解我的語言！

此刻，我和Sauma靜靜地坐在男子會所的廣場上，他心事重重地看著黑暗的遠方，這正是幾年來我所熟悉的Sauma！沉默了好一陣子，他嘆了口氣站起來說：

「來！我帶妳去一個地方！」雖然很想問他這麼晚了還要去什麼地方，但我知道是不會有答案的。我們坐上車來到一處田裡，Sauma 下了車一路自顧自地走著，我只能藉著昏暗的夜色勉強跟在後頭。印象中我們穿過了一些果樹，然後，我聽見風吹動著不一樣的聲音：「妳聽，祂們都在迎接妳！」是小米田！「這是我媽媽的果園，我不知爲什麼，好想種小米，妳知道，我們的祖先一直是種小米的，我們的節慶也是圍繞著小米的栽種而來的，甚至，我們出草也是爲了要祭拜小米神。」風持續吹著，暗夜裡我好像聽見小米田裡傳來一些聲音，那或許是我的幻覺，但是，我寧願相信今晚小米神降臨在這兒，並且用心聆聽 Sauma 的說話。

我和 Sauma 看著隨風搖曳的小米田，其實，那只是他母親種芭樂的果園中一塊不起眼的小園地，聽說 Sauma 的媽媽剛開始還不高興他將她平日種菜的地拿來種小米，但是，「奇怪的是，當我請她栽種小米時，她比我還熱心，跑去找她從小一起長大的幫團姐妹淘，一起播種、一起除草，過不了多久，她又要召集那幾個歐巴桑一起

卡大地布部落青年會所「巴拉冠」(PalaKuan)。

趕小鳥及收割。」Sauma唸唸有詞地講著植物經，就好像陷入愛河的人在講述他的愛人，也好像初爲父母的人在講著自己的小孩。說著說著，他伸出手來好像在空氣中觸摸什麼似地：「妳用手摸看看，吹過小米的風是甜的！」是喔！這人想必是有些瘋癲，不過，我深吸了一口氣，眞的，空氣中飄著一種無法形容的清甜。Sauma站了起來，走進一排小米當中，也許是我眼花了，我好像看到兩邊的小米紛紛伸出祂們的葉子摸著Sauma。

看過Sauma的小米之後，我開始了解他，或是說，我開始了解他的挫敗與堅持，也剛好，那時，我正也經歷了一些挫折。爲了這些挫折，我著實有些難以釋懷，有時怪自己爲何如此不合時宜，有時，則是怪這個世界爲何如此不完美……。Sauma的小米田在那當下讓我產生某種領悟，那天晚上的小米田及帶著清甜的微風，有種奇妙的能量振動，我相信那是因爲這塊經過祭司祝禱及部落的媽媽們細心呵護的小米田具有一種穿透人心的力量！它讓我回到一個原初的點，在這個原點上，所有的成功與失敗都不重要，重要的是活著，然後繼續經歷生命的一切。而這個領悟又是什麼？我想那和小米的栽培方式有關：

> 小米是十分耐旱的作物，不像水稻，需要大量的灌溉。這個作物沒有什麼蟲害，也不需特別施肥，但是，祂需要許多的陪伴，因爲，每一個成長的階段，都會有不同的生物前來；田鼠吃祂的嫩芽及地下的根，兔子吃祂的葉片，而結穗時，小鳥就成群結隊地過來幫人類收割了。……所以，我們在每個不同的小米生長階段，都會有不同的動物可以吃，田鼠、兔子和小鳥等等。
>
> 雖然小米那麼好種，可是，我們在不同的階段一定會有不同的和小米有關的儀式或禁忌。播種時，我們會請祭司到田裡作儀式，同時也遵守很多禁忌，就只怕小米不長出來，快抽穗時也一樣，我們會向小米神祈求，

讓今年的小米有好收成，所以，等收成之後，才會有隆重的豐收祭，也就是你們『白浪』所說的豐年祭！

Sauma 口中所稱的「白浪」指的就是閩南人，而這稱呼就是來自閩南話的「壞人」。雖然是個戲謔的稱呼，但也透露出幾百年來原住民和漢人互動過程中所遭受到的種種。

聽 Sauma 述說小米栽種的情形及這個作物的特質時，我才了解原來小米是容易栽植的穀物，怪不得人類文明的起源幾乎都和它脫離不了關係。以前 Sauma 很少直接談起他的祖先出草的習俗。雖然我對這個習俗沒有任何的道德批判，不過，以往我一直以爲 Sauma 可能是因爲他覺得這習俗畢竟「不文明」，所以甚至有幾回主動和他談起的時候，也不怎麼回應。但是沒想到在介紹小米時，Sauma 神情嚴肅地說起了出草的儀式意義：「我跟妳說過，小米需要有人陪伴，所以，我們除了用自己的汗水及生命陪伴祂之外，也會讓外族的人來陪伴祂，不然祂會覺得很寂寞的！」趁這個機會我問Sauma對於祖先獵人頭這件事的看法，沒想到他的回答是：「這是一件神聖的事，我不想去談論，是因爲這件事太神聖，也因爲一般的人認爲這件事是野蠻殘忍的，所以我不想用談話來說這件事……。」Sauma這段話並沒有眞正回答我所提出的問題，但是，我完全了解他所說的關於「神聖」的獵殺的信念。小米雖然容易栽種，不過因爲它的美好，所以四周的各種動物及其它族群的人都會來搶食它。而栽種它的人只有以性命來保護，這應該就是出草的核心意義，那是用來嚇阻想來搶奪小米的外族，並且對外宣誓這個族群是以性命捍衛美好小米的！

這是個令人心靈爲之震動的領悟。在那個領悟的剎那，生命中種種的無奈、怨尤與懷疑都隨著吹過小米田的風一掃而空，部落民族可以用生命來捍衛心目中美好的事物，那麼，我爲了實現理想而遭受到的挫折又算得了什麼？因爲，我的理想正是我心目中所認知的美好事物，爲了它赴死也是值得的！我終於了解那位印地安巫師唐望在他對門徒的教誨中，不斷地要求他的門徒得找出生命中值得赴死的事物，生命會因為這個事物的被確立而發出光與熱。

那天夜裡，Sauma 的小米在風中搖擺著葉片，好像一支支美麗羽毛，那應該是經過祖靈加冕的勇者的冠羽！

奇拉雅薩山的祖靈

奇拉雅薩山是海岸阿美族人的聖山，神話傳說中，那對經歷過大洪水的兄妹就落腳在這座山上，並且打破亙古禁忌結爲夫婦繁衍後代。此後歲月悠悠，子孫眾多之後就從這山上四處遷移，但是，不論他們的腳步走了多遠，阿美族人相信死後的靈魂都會回到奇拉雅薩山。

我常常在部落裡聽老人家說起奇拉雅薩山，說故事者往往會指著那山說：「那個山上有我們的祖靈，我們都是從那裡來的，死了以後也會回到那裡。」

那一天我和 Sauma 約在豐濱見面，他從知本到豐濱找個朋友，又剛好這朋友我們都認識。我到了豐濱的朋友家，停好車遠遠地就聽見 Sauma 開朗的大嗓門，他帶了保力達、檳榔、香煙等伴手禮，正和坐在庭院裡的幾個老人談笑。他一見到我，按照原住民的待客禮也幫我倒了一杯保力達加牛奶，我和幾位在座的老人家致敬過之後，Sauma 就提議離開，因爲他「要我見見另一位朋友」。這就是原住民的方式，沒有太多的預定，事情往往是隨興與順勢的。於是我們開車往秀姑巒溪出海口的方向前進，在一個小村落裡，Sauma 又停下車來買米酒和檳榔，然後打電話給他的那位朋友：「我朋友約我們在國小見面，走吧！」沒多久，我和 Sauma 就坐在國小的操場上等他的朋友：「我這朋友妳應該也認識，就是秀花，不過，聽說妳們並沒有機會長談，她是個奇怪的人，常常說她可以感應到祖靈，而且有時候是很不舒服的，我想，如果妳能跟她談談這方面，也許對她會有一些幫助……。」其實，我並不知道自己是否眞的能幫秀花，因爲，這方面的經驗和每一個人的心理、情感與情緒有極大的關係，如果當事人可以如實地接受自己內在的一切，那麼，任何神秘或不可思議的經驗都不會造成太大的擾亂。

好一會兒，秀花終於出現在校門口，圓圓胖胖的身材從遠處就可辨識出來，我們和她打了招呼之後，她看著我說：「不要在這邊，有個地方我一定要帶妳去！」然後不由分說地就拉著我的手往校園的後方大步走去，Sauma 在後面跟得有些吃力。我們來到校園後面一片長滿了芒草與稀疏小灌木的空地。秀花停住腳步，示意 Sauma 拿出米酒和檳榔來，我可以感知腳下所踩的是一個充滿能量和訊息的地方，也知道在這樣的地方一定得先獻祭。

等到獻祭一結束，我感覺到一股十分強大的力量充斥在四周，秀花不停地流著淚，她整個人完全癱倒在地上，Sauma 不知所措地站在原地，此時我的意識又進入快速的轉化狀態，眼前出現一批人，其中有一位我曾經在離這兒不遠的某個地方「見過」，當時，我曾將他的樣子描述給在場的原住民朋友，他們知道這個人就是當年勇敢殺清兵的英雄 Kafuoc，這名英雄後來也戰死沙場。那一次我看到的他穿著紅色的衣服，部落中的人問過老人後，告訴我紅色的服飾只有某些氏族才能穿，Kafuoc 就來自出草時穿著紅色衣服的氏族！

現在，我又看到這一位英雄，不過，這一次他身邊還有一群人，每一個都十分地驍勇，但是他們的神情充滿悲憤，那情緒能量強大到我都覺得自己也快被淹沒了。我調整自己的呼吸，同時以意念和眼前所見的這些人溝通，其中有一人表明他是首領，他告訴我他和其它的人都在當年清兵所設的陷阱中遇難，其它的族人當時都還躲在奇拉雅薩山，只有他們這些壯丁被誘騙並遭到殺害。

我知道這件事情在歷史上的經過，但沒想到自己可以穿越時空和這群人產生聯結：「這裡就是當年我們被害的地方！」「我可以為你們做什麼？」「帶我們回奇拉雅薩山，我們一直受困在這兒，沒辦法回到祖先的地方，請幫忙我們！」眼前這些人的容貌是如此地眞實，我好像可以聽得見他們的呼吸並感受到他們的身體能量，不過他們早在一百多年前就已慘遭殺害！但這一群鬼雄的氣勢並沒有因為他們悲慘的遭遇而顯得弱小。我在他們面前相形之下反而相當渺小與弱勢，因此，想到竟然可以幫上他們的忙，心裡覺得相當地不可思議。「要不要我去跟你們現在的族人們講，讓他們做個儀式紀念你們，並且讓巫師來帶你們的靈回奇拉雅薩山？」「不，族人們一直都在紀念我們，我們常常在火堆旁邊聽到他們提起我們，這樣就夠了！巫師？妳就是巫師，我們的巫師已經都不在了，目前只有妳可以幫我們這個忙，而且，這是屬於妳和我們之間的協定，和任何人都無關的，妳可願意？」我滿心感謝他們對我的信任，同時也對著他們許下承諾，一定將他們的靈帶到奇拉雅薩山上。

當那些鬼雄的影像逐漸消失時，秀花也從地上站了起來，她看起來有些疲倦；同時，我們也看到不遠的球場上的 Sauma 身邊還坐了個人，秀花遠遠地看著那人說：「我舅舅！太巧了，妳應該聽聽他最近重複做的夢，難怪他現在會在這兒出現！」秀花的舅舅已經和 Sauma 席地坐在操場上喝起米酒來了，我和秀花當然也跟著加入。「舅舅，說說你最近重複做的那個夢好嗎？」「是啊，多奇怪的夢！我本來在台北工作，最近因為家人的事，回到故鄉住下來，沒想到回來後沒多久，就老是做同樣一個夢，我夢見自己和一群人在一個坑洞內，有泥土不停地灑下來，有人開槍，有人慘叫，每次我都是覺得自己快窒息了才醒過來，這到底是什麼樣的夢啊！」「那應該是你的祖先的遭遇，你是不是有祖先死在那一次清兵設下的陷阱當中，夢中的情境可能就是當年所發生的事，那一夜，清兵先將你們的祖先灌醉，然後將他們推入預先挖好的坑洞中，再開槍將他們殺害……。」

我發現當我在描述這個過程時，秀花的舅舅呼吸變得好急促：「是，我知道我媽媽那邊有一個祖先是那天晚上死去的，那，我該怎麼做才能安撫這個祖先的靈？」於是，我將剛才所見到的景象說給他們聽，秀花聽著聽著又流下淚來。「他們要我幫忙將他們的靈帶到奇拉雅薩山去，不過，我一個人的力量有限，我需要有像你一樣是受難者的後代子孫參與，另外，秀花也得一起去，還有，我還得找幾個對奇拉雅薩山熟悉的年輕人帶路……。」「那，我們需要用什麼來引他們的靈？」秀花的舅舅問，「我看到的是我們需要一個壺，你們還有誰的家裡有祭祀用的壺？」我所問的是阿美族巫術信仰中的祭壺，這些祀壺在過去是每一戶人家都有的，後來因爲信了基督宗教之後，家家戶戶都將祀壺給毀掉了。秀花的舅舅爲難地搖搖頭，這時秀花說：「就是因爲大家都和這些信仰斷了線，所以我才會這麼難受。在以前的時代，我應該就是一個女巫，會有大巫師來教導我，結果你們看，現在我只是一個常常搞不清楚狀況，不是昏倒就是淚流滿面……。」「找不到傳統的祀壺，我相信會有一個相似的東西出現的！」不知爲什麼，我就是這麼地確定！

從花蓮回到台北的隔天，到一個朋友家和他閒聊，在聊天之中，我提到昨天的經歷，有趣的是當我提到找不到祀壺時，這位朋友問道：「壺？我是不知道原住民的祀壺是什麼樣子的，但是，我們民間常用的葫蘆可以嗎？我這裡有一個，妳看看合不合用？」說著，朋友拿出一個大小可放在掌中的葫蘆，我拿著它，奇怪地感覺到有能量在壺中流竄。「這葫蘆是哪兒來的？它很特別。」「這是一個出家師父留給我的，他說他在這葫蘆中修了法，這葫蘆可超渡亡靈讓他們往生更好的境地，每一年的七月普度我都會請出這葫蘆，妳如果覺得合用，就借妳吧！」眞是得來全不費功夫，我捧著那葫蘆有些不敢相信這整件事的因緣巧合。

拿到葫蘆之後，我打了幾通電話確定兩位當地的原住民朋友願意帶我們上奇拉雅薩山，雖然那山不高，但也超過九百公尺，尤其聽說峰頂不好攻克，更何況我的時間只容許當天來回，有這兩位朋友帶領，我覺得放心。秀花和她舅舅也約好了，我會在前一天晚上到豐濱，先到國小的後方去招魂，然後隔天再帶著這些英雄的魂魄回去他們的祖靈地。

登奇拉雅薩山的前一天晚上，我依照約定來到秀花的村子裡。她帶著糯米糕以及醃豬肉，當然還有酒、檳榔以及香煙，這些都是原住民的儀式中少不了的祭品。秀花的舅舅也來和我們會合，當我們接近那片土地時，我的胸間又充滿了能量，意識也開始進入改變，我彷彿看見自己穿著原住民女巫師的儀式服飾，在我的腰間有一串發著聲響的鈴。走著巫師的步伐，心裡知道原住民的巫師祖靈現在正透過我進行一場延宕了一百多年的儀式。「魂兮歸來！」我的口中發出奇怪的哨聲，風悄悄地在四周凝聚、盤旋，每一次幽長的哨音就喚出四方的風，而隨著風的聚集，我知道這些鬼雄的英魂已經齊聚在此。我——不！是那位巫師的祖靈！她指示秀花的舅舅割下一片朝向東方的芭蕉葉，然後用這片葉子盛裝祭品，放置在地上。我將祭品擺好後，將酒倒在杯子裡，一手拿著酒瓶，一手持杯，向四方獻祭之後，我感受到這些亡靈的能量強烈地聚攏在壇場的周遭，並且相當地騷動。這時，我拿出那個小葫蘆，打開瓶塞後，對著四方發出更幽長的哨音。我可以感受到獲得祭品供養後的亡靈們往我這兒聚攏。我繼續招喚這些亡靈，祂們逐漸地被收聚到葫蘆當中，當我身上的能量慢慢消失時，我知道這儀式完成了！那天晚上，我將葫蘆交給秀花的舅舅帶回去，並囑咐他明天除了帶葫蘆上山之外，還要攜帶和今晚一樣的祭品。

隔天一早，晴空萬里，我們大約九點鐘左右在豐濱集合，剛要出發時，遇到村長，秀花的舅舅問我：「該不該告訴村子裡的人？」我轉述了那一天那位亡靈首領的意思，秀花的舅舅點了點頭說：「也是！這種事只要是有心做的人就直接去做，和其它的人沒有什麼樣的關聯的。是不需要讓大家知道，免得人家認爲我們借由祖靈在提昇自己的重要性。」是啊，我心裡想：更何況參與其間的還是一個自稱可被原住民巫師附身的漢人女子！

一行人上了山，先在入口處做了小小的獻祭之後，就提起勁往上走，有些時候還眞是行路難！雖然海岸山脈的高度都不高，山勢卻頗爲陡峭。不過有些平坦的地方芳草如茵，十分美麗，還有小溪流穿越其間。帶路的年輕人之中有一位背了個鍋子上山，我正笑著他的模樣，他說：「沒這東西還眞不行的咧，不然中午我們吃什麼？」

從上午一路走來，其中只有不到五分鐘的休息，本想打開酒請他們喝，沒想到平日好飲的這兩位朋友竟然板著臉要我收起來：「不行，我們得趕在天黑前下山，別看氣候這麼好，在山裡面隨時都有變化的，多趕些路吧！」

到了中午時分，我們來到一個獵寮，一旁有條溪流，我幫著撿拾柴火，鍋中裝了溪水，四周長滿了嫩綠的野菜，還有人在溪中撈到小蝦，幾包泡麵、罐頭，這頓中飯一點也不寒酸。我坐在柔美的草地上，看微風吹過樹稍，恍惚之間，好像看到有婦女和小孩的身影在林間閃過，同時又好像聽到小孩子們對著大人說話。我聽得懂，他們在告訴大人們離家多時的親人回來了！這時，我也領悟到，眼前所見的是時空的幻影，不過，我心裡知道亡靈們眞的回到他們魂牽夢縈的祖居地，這兒的祖靈都在歡迎著他們！

這一回開了酒瓶後他們都拿來喝了數口，然後又十分理智地將酒瓶收起來，「走吧！還有一段路要走呢！」接下來的山路更加陡峻，雖然平日我的體能一直相當良好，但仍然覺得吃力，而這些習慣與山相處的人並不會爲我停下來等待，甚至連胖胖的秀花也都踩著比我還要輕快的步伐。我盡力跟上隊伍，雖然覺得辛苦及難受，但也沒想要請他們停下來休息。這時一陣歌聲傳來，是一名帶路的年輕人唱的，那是一首傳統的原住民曲調，我的腳步不知不覺地跟上這曲調，不知過了多久，發現自己竟然

希塔療癒

世界最強的能量療法

作者／維安娜・斯蒂博（Vianna Stibal）
譯者／安老師（陳育齡）
定價 620元

等了14年，中文版終於上市！
全球多達152個國家採用此療法！
擁有超過60萬名的療癒師！
能量療癒界的佼佼者．全球知名暢銷書．長銷不墜！

希塔療癒透過意念冥想的力量，結合靈性的科學，而創造無所不能的夢想。作者認為人類的頭腦處於希塔波（θ波）的狀態，是最適合讓意念起作用而達到身心靈療癒的目的。本書教導如何立即改變內在的任何負面想法、如何和一切萬有造物主的能量及最高的愛作連結，並進而達到身體、精神、情感和靈性的改造。

希塔療癒能解決生命不同層面的課題，舉凡婚姻、健康、金錢、社會關係等，都有開解的方法，本書收錄台灣不同的見證實例，讓同處於困境的你，找到一個明朗的出口！

光之手2：光之顯現

——個人療癒之旅・來自人體能量場的核心訊息

作者／芭芭拉・安・布藍能（Barbara Ann Brennan） 譯者／心夜明
定價 1200元

能量領域聖經《光之手》系列作！
長銷不墜近三十年的療癒新典範！

多達三十三萬字的扎實內容，銜接理性科學與靈性療癒、且在深度及廣度上皆較《光之手》有擴展；書中亦充滿了源自作者芭芭拉親身經驗和實踐的深刻見聞與智慧，提供許多用於自我覺察與療癒的方法，是一套強有力的靈性成長工具。

海奧華預言

——第九級星球的九日旅程・奇幻不思議的真實見聞

作者／米歇・戴斯馬克特（Michel Desmarquet） 譯者／張嘉怡
審校／Samuel Chong 定價 400元

「一道神秘的天外之光，即將引領世人朝向心靈醒覺！」
Youtube「老高與小茉」「曉涵哥來了」談書解密

內容看似令人驚歎的科幻小說，卻是如假包換的真實見聞——作者米歇受到外星人「濤」的神秘邀請、去到金色星球「海奧華」，並將其見聞如實記錄成書、廣為流傳，讓讀者對「生命」、「靈性發展」及「科技文明」之間的關係有更深度省思。

渴望的力量

——成功者的致富金鑰・《思考致富》特別金賺秘訣

作者／拿破崙・希爾（Napoleon Hill） 譯者／姚怡平
定價350元

誰說成功學一定要又厚又重？
這一本，沒有數十萬字的「偶包」！

本書不僅集結《思考致富》的精要內容，更從中提擷出贏家掛保證的「五大金賺秘訣」，幫助你的想法、心態在行動之前就能對準成功與財富，從根本著手、翻轉人生，是拯救你跳脫貧窮深淵、幫助你快速點石成金的致富聖典！

邱陽創巴仁波切　當野馬遇見馴師

——修心與慈觀

作者／邱陽・創巴仁波切（Chogyam Trumpa）　譯者／鄭振煌
定價350元

小心！
這本書可能會威脅到你的自我！

本書是根據切喀瓦・耶喜・多傑(Chekawa Yeshe Dorje)的《修心七要根本法本》所講述的法要，裡面總攝五十九條口訣，修習這些口訣，行者能夠在上座期間作觀修，也能夠於日常生活的不同對境而修心，轉煩惱成菩提。這些口訣能調伏我執，培養柔軟心與慈悲心。

在家居士修行之道

——印光大師教言選講

作者／四明智廣
定價320元

本書將提供在家居士佛法修行的切實指導，
以圓滿世出世間的功德！

本書是作者以印光大師的教言對在家居士的開示。書中從《印光法師文鈔全集》裡擇取做人的根本、教育孩子、女學養成、求子之道、面對病魔等篇章，並有更上一層的對治我執、開發心性等主題，讀者從中可以讀到印光法師以普世道理結合念佛與修行。

尋訪六世達賴喇嘛的生死之謎

——走過情詩活佛倉央嘉措的童年和晚年

作者／邱常梵
定價450元

第一本！由台灣人撰寫六世達賴喇嘛的傳奇故事！

六世達賴喇嘛倉央嘉措，是西藏歷史上最受爭議、褒貶不一的政教領袖，他的一生充滿傳奇，且在華人讀者之間討論特別火熱！本書作者克服萬難，通過層層檢查關卡，兩度深入倉央嘉措的家園達旺，不僅揭開其地的神秘面紗，更以豐富精采的照片帶領讀者同遊詩人活佛的故鄉！

毫不費力地走過那一大段路。

快到峰頂，在山路的盡頭有一道粗繩垂掛下來，我抓著繩索攀爬，這段路的考驗更甚過前面所走過的，接近峰頂時我的胸口好像快要爆裂開來似地，不過，我們都先後到達山頭。先上來的那兩位帶路的朋友當中的一位已經悠閒地躺在柔軟的草地上吃著芒草心，我環顧四周，被眼前的美景所攝住，這應是個和天堂相去不遠的所在！我請秀花拿出祭品，然後打開那個葫蘆，風又在這時吹了起來，我的眼中有淚流出，心中一點也不覺得傷悲，只不過這一刻的感動只有眼淚可以表達！

3

來自它界的訊息

榮民哀歌

接到那名學生的電話時，人正在台北。電話那頭是一位見過幾次面的心理系的男學生，幾個月前因爲看過我寫的書，找到課堂上和我長談，之後只要到花蓮上課，他就會和我聯絡，然後見面討論一些心得。電話中那學生說：「老師，妳會不會做普度儀式？」「開什麼玩笑，我怎會？那得找專門做儀式的法師才行！」「沒有啦，老師，我原本也是這麼跟他們說的，可是，那位師姑說，我一定認識一位可以通陰陽兩界的老師，而且，這個老師會答應作這場普度儀式的……！」一時之間，眞是從何說起？

原來事情是這樣的，這學生打電話的那天，沒事起了個大早，忽地想起好久沒去逛清晨在某個特定的路口上所擺的古董及民藝品攤，於是騎著摩托車逛早市去。逛了好一會兒，也用過早餐，意猶未盡地又往市中心的商店逛了過來。就這樣他來到一家販賣天珠及水晶的店家門口，剛一伸手推門進入就弄翻了放在地板上的一瓶水，這時，一位帶髮修行的師姑一把抓住他的手臂說：「少年吔，你怎麼打翻我的水，那可是我供佛並且持誦過一百零八遍的大悲咒水，怎麼就這樣讓你給打翻了呢？！」「這，這，這，我先拿抹布來幫忙擦乾，其它的我也只有說很抱歉……。」

就在這麼一片混亂之中，這學生幫著將地上的水給弄乾了，而那師姑一雙眼仍然直直地看著他：「少年吔，你是不是屬雞？」「是啊，怎麼著，師姑您會算命？」「不是，我想問你，認不認識一位老師，他會幫人做儀式？」這學生翻了翻腦袋，就想起我來。「應該算有吧！」就這樣，一通電話打了過來，沒頭沒腦地，但也總算讓我理出一個頭緒來，原來事情是這樣的：

話說這位師姑長年住在花蓮，租住在一棟便宜的半荒廢的日式房舍中，平日生活清簡，就只靠一些店家三、五百元的供養，而她也三不五時地將虔心祝念過的大悲咒水或供過佛的唸珠與這些商家結緣。就在幾個月前的某天，她被一則在早餐店中無意間看到的地方新聞給吸引住，那則新聞提到花蓮鳳林鄉的公墓葬有許多榮民，但是這些墳墓由於鮮少後人來祭掃，近年來出現一些不肖的喪葬業者，將這些墳墓擅自遷移，以便葬入其它的棺木，至於被遷動的骸骨究竟葬於何處，也就沒人追問了。

得知這個事情之後，師姑的心情受到很大的影響，此後，她暗自發願要將每天早晚課所誦唸的經文迴向給這些老榮民的亡魂。同時她也將事情告訴這家天珠店的老闆，因爲老闆正好是鳳林人。這兩人起了不忍心的念頭，他們想，若是能幫這些榮民伯伯辦場中元普度，那麼，應該可以稍稍安慰這些客死異鄉的老榮民。於是天珠店的老板到處詢問一些法師或神壇的師父，能否辦這麼一場超度法會，但是一聽到要爲這一批人數多達上千人的老榮民作普度儀式，大多數的人不是回答能力不足，就是告知這樣一場儀式收費至少也得五、六十萬。這件事也就因此延宕了下來。沒想到，奇怪的事來了，這師姑每到晚間就好像感受得到老榮民們的哀怨與幽苦，她總覺得心思惶惶。有一天，不知為何，一大早就感應到今天會遇到一個屬雞的年輕人，而這個年輕人的老師可以幫這些老榮民做普度儀式……。這就是事情的來龍去脈，真是夠靈異的。至於我呢，因為這因緣太令人不可思議，所以只有先答應說到花蓮後再詳談。掛完電話後，我心裡想，我又哪會做什麼普度儀式呢？只是，這些榮民的境遇太令人於心不忍。

花東一帶是台灣俗稱「後山」的地方，因為中間有高山阻隔，所以開發的程度不若西部。國民政府來台之後，有一大批軍隊就分派到後山開墾，當時除了參與蘇花公路以及東西橫貫公路的築路工程之外，還有不少榮民就在後山闢地耕作。這些行伍出身的榮民有的在當地娶妻生子，有的則是單身到老。後山幾所榮民醫院及榮民之家，就是為了照顧這些榮民而設立的。

坐在往花蓮的班機上，我懷想著這些開拓者的一生，離鄉背景並且終老異鄉，那是怎麼樣的一個處境？想起自己二十幾歲時獨自在法國生活多年，最後回到台灣也是因爲無法抗拒思鄉之情，尤其所從事的研究又是和自己的本土文化有深刻關聯的民間信仰。所以，我大概可以了解這些先民的心情，不管究竟人死後是否靈魂尚存，我心裡深深地覺得，這場儀式是由尚在人世間的我們，爲了心中的感動而做的。我想，生死兩茫茫，透過儀式，安慰的應該是人間的心吧！

天珠店的老闆長得人高馬大，人稱虎哥，看來以前在江湖上有些經歷，不過現在他除了經營天珠店之外，還承攬一些小工程。我和虎哥相談甚歡，這大概和從小出生在海口地方以及小鎮的成長經歷有關吧，對於鄉野中人總會帶著相當的親切感，另外，海口一帶由於生存條件艱困，更常聽聞老人家提起祖先有許多是厭倦海上生活的海賊上岸定居的。大概是這樣的環境與遺傳基因，海口一帶民風強悍，出了不少流氓，而我從小就習慣看到這些不容易馴服的眼神與身態。

虎哥和我談到他對這些榮民身後無人祭拜的感慨，並且表明只要能力所及，一定爲他們辦一場超度法會。其實我並不知道要如何做一場普度儀式，只除了幾年前在花蓮的一處神壇中作了場招兵儀式。不過那樣的儀式是接收到訊息及能量之後而做的，如果沒有任何感通，那我也無法進行任何儀式。於是我建議虎哥，不如就直接到鳳林的公墓看看這些榮民。

來到鳳林公墓時已近午夜，一起來的除了虎哥之外，還有平日跟在他身邊的一名小弟以及我那位學生。在公墓入口處，一片暗夜，虎哥說大白天來還可看出個方向，但現在實在是很難知道要往那兒走。不過我倒是遠遠地就看見一條微微發光的小路，於是自顧自地往草叢裡去，沒人跟過來，但我一點也不介意。走了一會兒，我感覺到後頭虎哥他們用手電筒持續地在照射我的腳步，我也可聽得見他們的動靜。到了一個定點，感受到地底傳來的能量，於是就地站立著，並且用力頓了一下右腳，我感受到地底的能量湧入身體，同時自己也好像置身在另一個時空。我可看到一排排的人，人聲依稀可聞。表明來意後，感受到有幾名亡魂的代表想要先到虎哥家當差。問明這些人的姓氏，我就離開那個地方。和虎哥問過，才知道他家眞的有一個和神壇差不了多少的神明廳，主要供奉五顯大帝，陪祀的有三太子、濟公等民間眾神。虎哥同意從明天開始直到普度儀式之前，只要逢初一、十五家中拜拜，一定在戶外另外擺一桌供品來祭拜這些榮民代表。

離農曆七月只剩幾個星期，我和虎哥約略看了幾個日子，然後由他在自家的神明面前擲筊請示。同時我也感知，普度當天必須請出五顯大帝主持整個儀式，並且在這之後，祂還會將這些榮民收為兵馬。至於那位師姑，在普度當天也答應要前來誦唸佛經。普度的地點就在鳳林公墓前的大眾爺廟。離普度的預定日期還有兩個星期左右，我又來到花蓮上課，虎哥十分匆忙地跑來家裡找我：「許老師，請妳幫我問問看金紙要燒多少好嗎？」「隨緣吧，虎哥，心誠比較重要！」「不，因為我請示過家裡的五顯帝，日期也是擲筊問出來的，我也問過金紙的數量是不是要有個明示，祂表示是，同時也問過是不是來請教妳，祂也回答是。」這可傷腦筋了，我怎知要燒多少金紙？不過，既然普度的場所是大眾爺廟，而那些金紙又大多是普度所用，所以乾脆去問大眾爺比較快！就這樣，我和虎哥來到鳳林的大眾爺廟，當時已近黃昏，小廟中一片昏暗。上過香之後，我說明來意，然後靜心等待訊息，沒一會兒，我看見一堆排成八卦形狀的金紙，數量龐大，幾個人都可以走進這金紙陣中。一串數字浮現腦中，我將它們一一說給虎哥，等我回神去看那金紙的數目時，自己都傻眼：「這得花不少錢，虎哥，你確定可以？」「沒問題，既然答應了，就這麼做吧！」

普度當天風和日麗，一大早趁著吉時，虎哥將五顯大帝的神尊請到大眾爺廟中坐鎮。儀式簡單但是相當隆重，師姑粒米不進地誦念了大半天的佛經。有些敬拜神明的金紙就在廟中燒化，接著就將那佔滿半輛聯結車的大批冥紙拉到溪邊的空地去焚化。還好虎哥手下有些小弟及幫手，大伙熱心無比地分工合作，我只負責等待神明的指示。一伙人從大眾爺廟離開後，將五顯大帝的神尊也請到溪岸的河床地。另外還在神明的香案不遠處找了塊空地，就依照我之前所看見的八卦陣擺起紙錢。果然，一會兒之後，幾天前所見的影像就具體呈現在眼前的空地上。我知道五顯大帝會親自監督整個燒化冥紙的過程。

幫忙排好紙錢陣之後，就慢慢感覺到一波波的能量從四面八方匯集過來，沒多久，看到一望無際的天邊有許多的能量流動著，於是我知道時間到了，示意虎哥他們點火引燃金紙堆。這時有人提到應該帶些汽油及噴槍來的，因爲這麼龐大的金紙其實並不好燒化，若是風勢不順，可能得到半夜才燒得完。不過我心裡知道不會燒到半夜，因爲等一下還有招兵的儀式要在虎哥家的神壇前進行。

當火苗在幾堆金紙堆中竄起時，我全身也充滿能量，這感覺好熟悉，一如幾年前在玉天宮被伏羲大帝的能量充滿。我想，這是陽剛的男性神祇的能量。這時，我的身體感覺起來好像比平日還要龐大，而雙眼也似乎透著光。我對著天邊的那個能量旋渦，伸手一拉，一陣風就從我的手所比畫過的方向吹過來。火勢旺了起來，我走進金紙八卦陣中，伸出雙手在金紙上比畫著一道符咒，我知道這符咒可讓金紙順利燒化。果不其然，八卦陣中的金紙就在一道道符咒之下不停地吐出火焰，我從陣中走了出來，接著繞行在金紙陣的外圍，一陣一陣的風吹向我的雙手所指出的方位，這堆龐大的金紙陣只用了兩個多小時就燃燒完畢。

接著我們將五顯大帝請回虎哥家中神壇，眾人稍作休息之後，就來到樓上等待神明降臨。那天晚上我從六點左右到八點多，一直處在能量充滿的狀態、我所做的儀式是將這些經過普度的榮民亡魂收納進五顯大帝麾下，當儀式完成，能量解除之後，我駕車回到花蓮的住處。夜色中，看著從車窗飛逝而過的景色，想著那些離鄉背景，在這塊土地上給出生命的榮民們，我不知道究竟他們的墓地是否還會不斷地遭受破壞，甚至這場儀式能否給他們帶來什麼樣的功德與救贖，我一樣無從得知。我只知道在這個不尋常的機緣中，內在的感受是十分深刻的。

就在這場普度儀式過後一、兩天的某個清晨，我發現自己的兩隻手充滿了能量，從這一天開始，這能量就沒有消失過。

現在事隔數年，當我撰寫這本書，在回憶中重新檢視這段經驗，才發現這其中有一個重要的關鍵是我當時所不知道的。那就是當時我心中只想要盡一己之力來紀念這些榮民，再沒有其它的想法。事後雖也試圖和一些公部門聯絡，希望能爲這些埋身異地的榮民遺骸作個妥善的安排。不過，這一切牽涉太大，困難重重，我和虎哥了解到整件事的複雜度之後，就不再提起此事。

然而，就在我寫這段文字的當下，我查閱了五顯大帝相關的信仰與神話傳說。這才發現一個重要但一直被我所忽略的關鍵，那就是五顯大帝又稱華光大帝，祂也是火神的象徵！傳說中祂的手下還有風、火二將。

從信仰的神話象徵中，我領悟到爲何當時要燒化數量龐大的金紙，冥冥中的安排，透過金紙燒化的儀式，讓我焠煉出火與風的能量。而這一切都不是我可以刻意安排出來的。隱藏在事件背後的眞意往往是透過時間與空間的沉澱與發酵，才會讓當事人了悟其中的深層意含！有了這層領悟，我對於集體的文化潛意識所具有的力量有更深的體會。同時也明白民間的信仰是如何透過象徵及靈異的顯現在文化中綿延不絕地傳承著。

夢中男子

我是被穿透全身的振動能量給弄醒的，那個振動從夢中穿越到現實界，我的身體仍然感受得到餘波盪漾。多麼奇怪的夢，是個清明無比的夢！夢中我知道自己在作著夢，有一扇門，我推開那道門，看見一張床．那床的高度比一般的高，大約到達腰際。有個蒼白瘦削的陌生男子躺在那張床上，他看著我，我開口問：「你找我過來做什麼呢？」「我想請妳幫我的忙！」在夢中，我一如平日幫人導氣一般地伸出手將能量傳送到他的右手中，但夢中的這名男子搖搖頭說：「不，妳得幫我從左手導氣進去！」這要求相當不尋常，我看了他一眼，然後拿起他的左手將氣導入他的手中，這時，一股強大的能量穿透我的身體，我知道自己將要醒過來了，在這一剎那，我問了那男子：「你究竟是誰？」而他的答覆是：「去問H，他知道我。」

那男子的答話伴隨著全身的震動，我醒過來了。看了看手錶，上午九點多，夢中所說的H是我認識的朋友，這人是個夜貓子，不到中午是別想要找到他。那天下午我直接來到H的辦公室，閒聊之中提起這個奇怪的夢，才剛說完，H的臉色已露出驚訝，他說：「該不會是D吧？！」於是他告訴我他有個三十多年的好友D，是個獨身主義者，最近這幾年對神秘的事物也頗有追尋，據說還加入一個宗教團體，十分熱衷於靈修。就在上個月，D被大樓的管理員發現昏迷在電梯裡，由於他平日就有氣喘的毛病，再加上天氣冷，想必是宿疾發作，但麻煩的是沒人知道他究竟昏迷多久了。因爲當他被發現時，已經沒有呼吸及心跳，送醫之後雖然給急救回來，但仍然停留在重度昏迷的狀態中，這個樣子已經一個月了。D沒什麼親人，只有一個哥哥住在美國，得知這事趕了回來，但就這麼留下來近一個月，不知接著該怎麼辦。根據醫生的說法，D的狀況是介於腦死和植物人之間。家屬可以決定是否繼續留在醫院，如果出院，當然就是拔除所有的維生設備，不過，這決定對D的哥哥來說是相當艱難。H撥了一通電話給D的大哥，也許是當人走到生死關卡時，不會那麼忌諱怪力亂神之說，電話那頭D的大哥表示願意讓我到醫院看D。

一推開那扇病房的門，我好像回到夢境當中：白色齊腰的病床、蒼白削瘦的男子，就是他！我靠過去，先感受一下病人的心念，但什麼都沒能感受到。於是，我伸手觸摸他的右手同時心中呼喚著D的名字。然後我恍惚看到一臉笑容的D，他奇怪地問：「這是什麼地方？爲什麼把我叫過來，你們不知道我一直在光中，十分地美妙？」我一面將所見所聞說給病房中其它的人聽，一面在心中和D溝通：「你得先回來，你知不知道，你並沒有死，你的肉體還在，你所在的光只是一時的……！」D表示願意回到肉體中，但是他不知道該如何回去。這時我知道，因爲在夢中的D已經教過我了！我來到病床的另一邊，拿起D的左手，以右手請虛空中的D進入他自己的身體。我可以感覺到一股微微的能量振動從我的手中傳到D的左手，然後我知道自己的任務已完成。其實我並不知道接著D的狀況會有什麼的轉變，我只知道自己該做的部份已完成。

到醫院過後的第二天晚上，我開始覺得不舒服，是個星期六夜晚，帶著兩個小孩吃火鍋，其實晚餐時就沒什麼胃口，但我並不爲意。那天晚上就寢後，不舒服的感覺就排山倒海地出現，一波又一波的反胃，我來回在洗手間與床鋪當中，其間還不放心地看著兩個小孩的反應，只見他們安詳的睡姿，這才完全排除火鍋食物中毒的可能。當胃中的食物被我吐乾淨之後，我開始一陣陣地發冷與發熱。迷濛之際，我看見D的身影：「我想要請妳和我走一趟生死的邊界，妳可願意？」這時我才恍然爲何這麼地不舒服，不過我並不想拒絕他，因爲，我知道這是個難得的機會，我好奇地想要經歷死亡的邊界！「我得警告妳，接下來會更不舒服，妳可以再考慮……。」「不！就這麼決定了！」心念一定，身體的不舒服就愈來愈加劇，到了天亮，我只得拿錢給兩個小孩自行處理三餐，並且再三和他們保證，媽媽只是感冒，休息兩天就好了。等到了晚上該送小孩回他們的父親家時，我還是沒有力氣站起來。本想打電話叫計程車送他們，但看著兩張童稚而焦慮的臉，我心中向D說著：「讓我送小孩回去再來繼續這個旅程。」心念一送出，奇怪的是我的體力也回來了不少，足夠到路口搭計程車送小孩回去。

接著那晚的事我只記得一回到自己的住處，門一關就直接合衣躺在床上。我又回到白天的忽冷忽熱以及昏迷狀態，全身的骨頭好像一節一節被拆開來似地疼痛，那時，我才知道D所說的「會更不舒服」是怎麼一回事，我想佛家所謂臨終時的四大分解大概是這個狀態吧！寒氣一絲絲地從疼痛的骨縫穿流而出，沒有一處可以安住，但又沒有任何力氣可以翻動疼痛的身軀。不知這樣子過了多久，我依稀意識到天亮了，陽光透入房間，但是我的情況並沒有任何改善，就在快失去最後的意識時，我聽見D的聲音：「妳不能再過來了，回去吧！謝謝妳，我用這趟旅程表達我的謝意！」然後，在下一個瞬間我醒了過來，不但清醒無比，而且覺得自己從來沒有那麼輕鬆過。如果有，那應該是孩童的時候吧！起身沖個澡，回到房間，若非看見滿是汗水與病氣的床單，我一定覺得這一切如果不是夢，那麼就是自己的幻想！

當天下午我又來到H的辦公室中，迫不急待地向他述說我的遭遇。H聽完我的敘述，就拿起電話撥給D的大哥，他掛完電話後，以一臉不可思議的表情說：「妳知道今天早上在醫院發生什麼事情嗎？D的大哥下樓去用早餐，順便去辦自己的事，留下外籍看護在病房內，等他十點多回來時，發現D已被送去急救，原因是，沒有人知道到底是什麼原因，D的呼吸管竟然脫落，等到發現時，因爲只有看護在場，她不敢負任何責任，所以就按鈴叫醫師來進行急救，現在又救回來，還是插著管子躺在那兒……。」H在電話中也將我的遭遇說給D的大哥聽，而有趣的是D叫我別再跟過去的時刻，正是我醒來的時刻，那也是D的呼吸管掉落後，被看護發現失去生命跡象的時刻。

兩天之後，H來電告訴我，由於我和D的遭逢，讓他的大哥終於下決定辦理出院手續，然後讓他非常平靜地在一家療養院中離開人間：「一定是他自己想要離開，否則他的呼吸管不可能就這樣掉落，但他的命運可能就是會有其它的障礙，讓他無法平順地離去。既然如此，那麼我這個做大哥的應該要幫他這個忙。在這之前，我無法下決定是因為我不知道他的感受及意願是什麼，現在，我能幫他這個忙，心裡是高興的！」他大哥在D的頭七晚上請幾個弟弟生前的死黨、還有我這個只在夢中及虛幻的世界裡和他結識的「朋友」一起吃飯，那一頓晚餐，每個人都覺得平日愛玩愛笑的D一直和我們在一起。

後來，我才明白，為什麼D說要以那一段穿越生死邊界的旅程來答謝我，因為自從那天之後，我發現自己的身體能量變得更輕，更流暢，感覺好像年輕了十幾歲。我猜，可能是因為穿越生死界之時，大量的陰氣將我體內的陰氣也給帶動，並且因此以毒攻毒地排出身上累積的毒素。所以，因為這個夢中的奇異機緣，反而讓我的身體能量更為提昇，從那個時候開始，我發現原本因為幫榮民們做過普度儀式，雙手所擁有的能量也更細緻及具穿透性。我發現，自己的雙手對於人們的身體或心理的不適有著不可思議的安撫能力。

勇者的旅程

D的事件過後沒多久，有一天H又和我提起一位朋友，他說：「Y最近不太好，許老師，妳要不要幫幫他？」「？」「哦！是他妹妹啦，幾年前他妹妹就知道自己得了乳癌，但從小就因爲先天的生理缺陷，接受過無數的手術及復健的痛苦，最後還是發現這些醫療並沒能改善她的狀況，所以，當她知道自己得了乳癌時，她的選擇是不接受化療，現在她的癌症已經擴散到肝細胞，這一次，連醫生也無法多做任何建議了。」Y也是時常進出H辦公室的諸多好友之一，我對他的印象就是一個和善有趣的人，一聽到H提起，我馬上同意找時間和Y一起到醫院去探望他妹妹。

隔天下午，我和Y及他太太一起來到醫院，途中Y和我詳述他妹妹的一切。現在，她自己知道時間所剩不多，爲了避免家中父母過度傷心，所以她找了一位多年好友，也是個醫師，透過這位朋友她來到醫院住進單人病房。聽完Y的敘述，我覺得這之間有個尚未解開的心結，那就是Y及他的家人都還停留在無法接受爲何他妹妹不願意接受治療，以至於現在癌細胞擴散。我說出這個想法，Y回答：「但是家裡的兩個老人家怎麼辦？尤其是我父親，他和妹妹的關係最親，我怕這個打擊會讓老人家受不了……」「是啊！這是爲人父母最難以接受的，但是，我們得面對的是當前的事實，你妹妹來日無多了，而她應該會想要和家人之間的心結盡釋。」Y沉靜了好一陣子，然後說：「是啊，看來是應該這麼做，許老師，能否請妳幫我們和妹妹談談，我們家人好像都沒有辦法談心裡的話……。」其實不止是Y的家人之間無法談論心中的事，這好像是傳統的華人家庭普遍的現象。我很願意爲Y的家人和他的妹妹之間搭上一個溝通的橋樑。

M有一頭美麗的長髮，當Y介紹我們認識時，我就喜歡上這個女子。她有細緻的五官，但是，她的神情又是如此堅毅。眼神中透露著某種濃郁的生命感，那感受無法以言語形容，混合了對生命的抗爭與接受。也許因爲認識的機緣是如此地無常，所以我和M一見如故，因爲，我們都知道無需任何客套，也沒有時間作不必要的揣摩與猜測。第一次和M的談話中，她告訴我她的故事：一個對世界充滿熱情的，但又在出生時就帶著明顯生理缺憾的女子。由於童年時家境富裕，父母爲了她不惜任何花費讓她接受許多手術，只希望她能像一般女孩一樣行動自如。不過，她也因此備受肉體和心理上的辛苦與煎熬，因爲小小年紀的她不停地告訴自己只要再忍受一次手術以及術後的復健，那麼她就可以和其它的女孩子一樣地走路與跳舞。只是，一次次的盼望及忍耐，只換來成效不彰的失望。終於她停止任何想像，決定好好地活在自己的生命本質中。

雖然我所認識的M是躺在病床上的，但從她的相簿中，我看到一個熱愛生命的女子，而她的生理缺陷只能從單手拄著的手杖看見一些端倪：「妳好漂亮，一定有很多男人喜歡妳，談談妳的愛情好嗎？」M有過一個交往多年的男友，但後來因爲發現自己得了乳癌，又不願意接受化療，所以她主動要求與男友分手。談到這裡，我感覺得到M的語氣裡並沒有任何不滿或埋怨，於是我問她爲什麼當時選擇不接受化療，她的回答是：「我從小的記憶就是一連串永無止境的治療與受苦，換來的是一次又一次的失望與埋怨，有一天，我終於決定不再這麼過下去，我決定用自己的方式來選擇生命的內容……。」M的相簿中可以看到她盡情活著的身影，她旅行、玩樂而工作起來則有如著魔一般地忘寢廢食，這也是M的家人責怪她的地方，他們認爲她將自己的身子搞壞了。

我聽著M慢慢地說著她的生命歷程、愛情以及親情的矛盾與不捨，握著她的手對她說：「我和妳的家人一樣對妳感到不捨，雖然我才剛認識妳，但我好希望能多些時間和妳相處，可是，換另一個角度來看，我又覺得妳是個少見的勇敢的女性，我十分佩服妳的決定……。」「那許老師，妳覺得我爲什麼會來這個世間？死了以後我會去哪裡？」

「其實我沒有辦法給妳一個絕對眞實的答案，但是我可以告訴妳，在我的眼裡，妳的生命向我們顯現了對生命的熱愛以及接受一切的勇氣，至於死後我們會到哪兒去，我不知道，我只知道在臨死前，妳不要隨便跟著任何一道光離去，妳得等待妳內在的光芒展現，然後，妳就是那一道光……。」這個關於臨終的了解是我在陪伴D穿越生死界線時所感知到的。

「那，許老師，我還有另一個擔憂，我害怕癌末的疼痛，這也是爲什麼我來到醫院的原因，因爲我這位醫師朋友答應爲我注射嗎啡止痛。」我問M現在會不會有不舒服的感覺，她說覺得腹漲得難受，於是我請她閉目放鬆，然後將雙手放在她腫漲的腹部上方。我可以感受到混亂的分解能量密集地蘊釀著，我閉目凝神祈請諸神幫助這位勇敢的女子。然後，我感受到大地之母的力量從她的身體深處湧現，於是我知道身爲地球生物的我們，在臨終時都是由大地之母伸出她的手來觸碰我們的。所以，這個時候我們會感到沉重與分解的痛，這是另一種出生的分娩之痛！我的雙手感應到大地母親的力量，於是我向她祈請，請她讓這個勇敢的靈魂不再有任何苦痛離開。奇妙的是，在我祈禱的當下，我感受到大地母親善意的回應，然後，我看到M腫漲的腹部上方出現美麗的光暈，這時M睜開雙眼說：「謝謝妳，我真的覺得變輕了，好多天沒這麼輕鬆過。」我告訴M剛才我所感應到的，並且告訴她這是另一種出生的產痛，她也可像我一樣和大地母親祈求，我有信心她不會感受到太多的疼痛。

只要一有空，大概每隔個一、兩天我就會到醫院看看M。她的家人也因為我說出她的立場與決心，所以逐漸接受M快要離開人世的事實。兩個星期後，M進入昏迷狀態，奇妙的是她的醫生說其實她並沒有多少疼痛，因此止痛嗎啡的使用頻率並不多。沒有人、甚至連醫師都無法確定究竟M哪一天會離開人間。M的哥哥強忍著傷痛每天往一位密宗上師的道場去祈請上師加持，讓M能順利往生。那一天，是傍晚時分，我又到醫院去看M，這幾次去看她，大多數的時間她都在昏迷狀態，我只能透過雙手的接觸感受她的心念。而那天當我進去時，她還是同樣的情況，據M的家人說這整個星期她很少醒過來。屋子裡不少人，大多是M的同事，他們輪流來到M的床邊，彎下腰來對著她說話，他們都希望M能早日康復，於是每個人都對著她說些打氣的話。這時，雖然M仍然在昏迷中，但我卻感受到她的心十分地不安。我知道M的整體存在正在爲離開人間而準備，這些朋友的語言與心意雖然都是好意與良善的，但是對M的實際情況反而是種騷擾。於是我向一旁M的家人表示是否可以結束探視的時間，因爲我必需安撫M。當所有的人都離開了之後，我走到床邊一手放在M的腹部，一手放在她的額頭上方，我閉著眼專心一致地和M體內那股能量共振，我可以感受到那股能量從混亂的波動到平靜舒緩，而最神奇的是當我睜開雙眼的時候，M也在同一時刻睜開她的眼，我倆相視笑了，她輕輕地說：「我一直知道是妳！」說完後，她閉上眼，這時M的家人進來，剛好看到她閉上眼的那一瞬間，他們都露出不可思議的神情。

我走出病房，對著M的家人說：「時候到了，我想應該不出二十四小時。」

隔天早上，我接到電話，M非常祥和及平靜地離開了，而我永遠忘不了她和我相視一笑的那一刻，據她的家人說，那之後她都沒再醒過來。

我參加了M的頭七，因爲她的家人想要透過我感受她的狀況。於是我在入夜時分來到殯儀館，在場的是M的兄弟姐妹及侄子輩。沒有法師在場，只有這些家人幫她上香及誦經。我閉著眼凝神尋找M的蹤跡，然後，我看見她，發著光的她要我轉達給她的家人說，她在一個自由及祥和與愛的地方，然後那柔和的光影就消失在一片更大的光中。我將這訊息告訴M的家人，他們一致點頭表示剛才他們在誦經時，感受到一股非常祥和的能量充滿在室內。我和M的家人都相信這個熱愛生命及勇敢的靈魂正在宇宙的愛之中自由遨遊。

殤

我跟著虎哥來到座落在花蓮市區的一家酒店，門口的霓虹燈閃爍不已，但推門進來後，裡面的昏暗還眞是讓我一時適應不來。原本我是在虎哥家中和他聊天，近十一點時他忽然想起來說有個朋友最近出了事，想請我去看看是否可以幫得上忙，於是，我就搭著虎哥的車子來到這家酒店。撲鼻而來的是煙酒混合著脂粉的氣味，不用多問，我也知道這是一間什麼性質的酒店。認識虎哥這段時日，和他頗聊得來，也跟著他結識了不少江湖及社會底層的場面與朋友。聽虎哥說，這酒店的老闆娘是個離婚女子，獨自一人撫養兩個子女，沒想到上個月，唸高一的兒子到公園打籃球遇到一群混混，幾句話不合，當場被那群少年圍毆，送到醫院時醫生已宣佈腦死。聽到是這樣子的事，我心裡相當難過，也許是因爲自己也是爲人母親，可以想像那種喪子之痛會有多麼地錐心。

我們進到辦公室，裡頭就是一套簡陋的沙發和茶几，看得出這家酒店也是辛苦經營的，聽說還常常收不到客人積欠的酒錢。吳姐進來了，疲倦和傷心都在她的臉上顯現，雖然帶著風塵味，但她的眼神是誠懇和傷感的。她爲我們泡了茶，一面喃喃地對我們述說兒子生前的種種。她也提到那些傷害她兒子的青少年，因爲都未成年，所以刑責不重，她說：「其實我不在乎他們會關多久，我只想知道爲什麼，爲什麼他們要對一個不認識的人下那麼重的手？如果是深仇大恨還可以了解，但是……。」說著說著，吳姐又流淚了，她的嗓子應該是這些天哭的吧，都啞了！虎哥沒說半句話地低著頭，我想他也不知該說些什麼吧！我看著吳姐傷心的啜泣，忽然發現她的身旁依稀有個人影，是個相當高大的身影，於是我問道：「吳姐，妳的兒子是不是長得相當高大？」「是啊！勝武相當高壯，可能也是因爲這樣才引來那一群人的圍毆。」「吳姐，你兒子就在妳身邊，他這幾天都沒離開過妳，妳知道嗎？」吳姐一聽到我這麼說，淚水更是如決了堤一般：「我不知道！我怎麼會不知道……?!」「他一直都在妳的身邊，而且，只要妳一哭，他就不停地輕推妳的肩膀！」我看到的是一個不知道要如何安慰母親的青少年，只好無奈地推著母親的肩膀，要她別再哭了！吳姐聽我描述後，一邊擦著淚一邊說：「難怪我這幾天老是覺得肩膀酸痛，原來是勝武！」這一說完哭得更傷心。聽到這個母親痛徹心扉的哭聲，我的心也快碎了，正想著要幫他們母子傳遞訊息時，忽然感受到這個年青人正在我面前：「阿姨，妳可不可以借我一下下身體，我想和媽媽好好道別。」聽到這樣的要求我有些遲疑，因爲這是個剛過逝不久的亡魂，陰氣相當重，如果只是幫他傳遞心意這還可以，但要我直接借竅，我想那麼重的陰氣可能會不舒服個幾天吧！一想到這兒，我又想，自己只是些許的不舒服，但可以讓他們母子好好地道別，更何況，如果，如果換作是我的兒子遇上這樣的事，那麼，我也會希望有個機會好好地和他道別的！想到這兒，也就沒什麼好考慮的，我向吳姐說明她的兒子將會借竅來和她道別，之後的一個瞬間，我就感受到自己的意識慢慢地退位，一個青澀的生命借由我的喉嚨發出聲音，那聲音還介於稚氣和成熟男子之間：「媽！對不起！」那個母親這時緊抱著我——不，她緊緊抱著那個已經失去的兒子：「別說對不起，媽沒能好好照顧你，是媽的疏忽……。」這個年輕人對著他那已泣不成聲的母親說：「這就是命，媽，好好的活下去，姐姐還需要妳，我只能停留一會兒而已，我有東西留在爸爸那兒，妳要去幫我拿回來，是我從小到大的照片，爸不會留的，就送給媽，媽看著照片會記得勝武的，媽，我要走了，不然許老師的身體會受不了，謝謝許老師，媽，再見！」其實，我已分不清楚是自己還是那個年輕人的心，只知道一陣傷心，我的淚也不停地流著，吳姐仍然緊抱著我，但是，那個年輕的生命眞的已經離開了：「吳姐，他走了，別再難過了，聽孩子的話，好好活下去！」

吳姐擦過淚後，再幫我們重新沏上熱茶：「勝武平日住在爸爸那兒，放假時才會過來找我，他說的照片我知道，我會去拿回來。」這個母親此刻的神情好像在某些事物上頭得到釋放，臉上的線條也顯得比較輕鬆柔和。

那天晚上，回到住處已近凌晨三點，洗好澡躺在床上，只覺身體一陣酸痛，頭也慢慢地痛了起來，但是，我的心情是平靜的，同時也慶幸自己剛才答應作的事。其實，我不知道究竟人死後是否尚有靈魂，雖然這些年來有過這麼多靈異的經歷，但，我仍然不知那究竟是什麼？宗教及信仰中的說法對我而言都只是某種程度的解釋，眞相究竟爲何，我想可能是個永遠不可知的謎。但是，每一次當我遇到這種生死兩隔的撕裂時，我會爲人類的情感而感動，於是，我選擇相信死後有靈魂，雖然，心裡知道，那也許只是人類心靈的需求，但是，我認爲這需求比任何事物都神聖。今夜，感動我的是那個傷心的母親，我知道，如果不是這個母親的愛與懷念，我縱使有天大的本事也無法感應到那個年輕的早逝生命。

這事情過後沒多久，應該是暑假剛過完，我一個人在家中午睡。睡夢中依稀感覺到家中有「人」！不但如此，我好像還聞得到一股年輕男性的體味！「是誰？」雖然半睡半醒，但我知道自己真的出聲問話。「老師，是我，勝武！」「咦！你怎麼可以在我家，我不是請虎叔幫你作了超度法事了嗎？你怎麼還在人間呢？」「老師，在超度法事的過程中，神明要我跟著妳，所以，我一直沒有離開過妳，有時也會過去看看媽媽……。」「跟著我做什麼？」「妳身邊的兵馬沒人帶領，我可以帶領祂們，如果妳要使用兵馬，只要給我一個指示就行了！」「用兵馬？我從來沒有使用過祂們啊，我以為祂們跟著我或許可以得到轉化，所以這些年就只是知道祂們在我這兒，但我不會去使用的。」「那是因為妳還不知道如何運用祂們的力量，有一天妳會用得上的，那時，妳記得，只要給我指令就好了！」說完這些話，這個年輕的亡靈就又消失蹤影了，當我清醒後，心想，那只是一場夢吧！然而，從這以後，我常會在某些特殊的情況下，感知到勝武就在我身邊。對我而言，那是一種十分珍貴的精神陪伴。

4

穿越恐懼的幻象

失去憑恃

這事應該從二〇〇五年的冬天說起。當時我的日子仍然和幾年來沒什麼兩樣，在花蓮兼課教書，另外在一家芳香療法公司及H的公司擔任顧問。有趣的是，兼課的收入完全無法和交通費用及花蓮的房租打平，不過因爲兩家公司的顧問費頗爲豐厚，而花蓮的好山好水又是我所喜愛的，所以我對於老天這樣的安排其實是相當感恩與開心的。

除此之外，我仍然持續和原住民部落有著聯結，工作村的影像不時地在心頭浮現，只是不知道以自己的力量是否能實現這個理想。時不時地，也會有一些人來找我解決他們的疑難雜症，奇妙的因緣聚會與感應也經常發生，但是，我的內心深處有種說不上來的空虛感，自己都不知道那是怎麼一回事，勉強解釋只能說那是我的個性使然吧！我知道孤獨感及空虛感從幼年時就相伴至今，早也習以爲常，並且頗爲自得其樂。但，這一次，不太一樣，至於究竟是什麼原因，我也無法明白。

就這樣無啥新奇地過著日子，直到有一天深夜，我又被「叫醒」；是的，自從有了感通能力之後，這些年來常常在深睡狀態被某種力量喚醒，那感覺有些詭異，因爲前一秒明明還在熟睡中，而下一秒就清醒無比地睜著眼看著房間的天花板。那一夜也是如此，我睜開雙眼，心裡還在想這一回不知又有何事，這念頭剛過，就聽到一句如雷聲般響亮的話：「辭掉所有工作！」當時的我腦中一片空白，同時懷疑自己的精神狀態是否出了什麼問題，不過，沒一會兒就又沉沉進入夢鄉。麻煩的是這樣的情況持續了一個星期，每天晚上我一定在熟睡狀態被那虛空中如雷貫耳的語句給喚醒，一個星期之後，我開始嚴肅地思考這件事。

當我開始認眞地考慮時，才發現，其實雖然目前的收入尙稱優厚，但是，我並沒有任何成就感。因爲顧問工作眞的是僱而不問，但又因爲領了薪水，心裡頭一直有種無功受祿的感覺。可是只要一想要好好地貢獻一己之力，就會發現其實並沒有任何可施力之處。這個認知一旦出現，我忽然領悟到，那巨大如雷的聲音與其說是神明或是老天的旨意，不如說那更像是我內心深處眞正的聲音！

這個領悟讓我那想要離職的心意具體成形，這時剛好兼任的研究所課程忽然告知我下學期沒幫我排課，於是我順了這個勢就提出想要好好休息，以後也請不要再幫我排課。然後，沒多久，提供我最穩定收入的那個公司也出現一些經營方面的小困難，其實我可以不去管的，但我將這個當作是個該離職的徵兆，於是也就提出了辭呈。倒是H公司的顧問一職，因爲H待我如手足，一時之間不知如何開口請辭，另一方面，我剛辭去一份佔收入最大部份的工作，其實心裡相當害怕，因爲完全不知道此後的生活費用會從何種管道獲得，所以，我心裡想，至少也保留H公司的收入。但是，幾個月後，H的公司突然決定要到大陸發展，因此我的顧問費也就自然地停止了。

這之後我的日子起了一百八十度的變化，雖然還是和以前一樣鬆散度日，只是每天坐在家裡時就有一股自己都說不出來的莫明情緒。這樣的日子不知不覺地也過了好一段時間。我無法形容那種心情，只察覺到自己正在一點一滴地失去力量。這情形我也覺得無可奈何，只能每天拖著無力的身心，用我那經過多年訓練得爐火純青的知識份子的頭腦，十分勉力地分析情況、安慰自己。就這樣一天一天地過著，一日，接到一個朋友的電話，她告訴我有個印地安巫師來到台北，問我願不願意去看看他。

又一個印地安巫師？當然！爲什麼不呢?!

來到約定的地方，時間還早，還好樓下是一家書店，就是那種專賣各種宗教、心靈及新時代書籍與用品的書店。我走了進去，迎面就遇到一位高大的印地安人，他也正盯著我看。倒是他的長相還眞有些特別。如果你曾經見過白皮膚、藍眼睛的印地安人就會明白我所說的。

到了約定的時間，我離開書店進到樓上的房間內；沒錯！就是剛才那位白種印地安人。他還是那副似笑非笑的表情看著我。室內只有兩張面對面的坐椅，我坐下來後，只好也回報一個笑臉，不過相當尷尬的是沒有得到對方同等的回應。爲了稍減尷尬，我調整了一下自己的坐姿；「說說妳自己吧！」應著那巫師的要求，我大致敘述了自己這些年來的經歷，眼前這名巫師帶著興趣盎然的表情聽我的遭遇，忽然他打斷我的話：「夠了別再說了！妳知不知道妳有嚴重的情緒障礙？」「情緒障礙？」我心想：「你知不知道我對於心理學的了解？平日我最自豪的就是對自己情緒的認知，我怎可能有情緒障礙？」當然這話我沒有說出口。「妳很不以爲然！」對於他的挑釁我不知如何回應。「妳不但不以爲然，我看妳正在生氣，妳的脾氣不怎麼好……」

聽著他的語言，我本想回答些什麼，但奇怪的是，我的話語卡在半路，而內心深處感受到一股強大的憤怒，意識到這股情緒時，我知道他所說的話是正確的。這個認知讓我想要放下心中所有的防衛，但此時我必須花很大的力氣去抑制想哭的衝動。

「妳很想放聲大哭，我只是不了解，爲什麼妳沒辦法哭，妳的憤怒的背後是害怕，我看妳不止是害怕，妳簡直恐懼到快要尿褲子了！」

接下來的反應連我自己都無法了解，我發現自己正在大笑，但同時也流著淚哭泣！其實我的內心充滿了驚訝，因爲這些令我措手不及的情緒反應是來自這個巫師的注視下一股強大的能量。「說說妳的恐懼吧！」我聽到自己以顫抖的聲音說著對未來的恐慌，對於沒有錢的憂心。「讓我也告訴妳我的故事吧！」

他有著印地安及白種人的血統，但一直在白人的世界中成長與生活。直到四十歲的某一天，一場車禍改變了他全部的生命。他躺在醫院中三個月，接著是在家中的床上度過無止境的等待與失望。除了工作之外，十多年的婚姻也結束了。這時候的他除了絕望之外身無別物。有那麼一天，又是一個躺在床上等著復健師來家裡作例行復健的一天。他百無聊賴地翻開一本朋友送的心靈書籍，沒想到，完全被書本中所說的世界所吸引，絲毫沒有注意到那一天是如何度過痛苦的復健時段。從此以後，他多了一個世界可以沉浸，而最讓他驚訝的是他的復健情況愈來愈好，就連醫生都認爲不可思議。另一件不可思議的事是他拿到一筆意料之外的保險理賠，這金額夠他安心地過個一年半載。於是，他開始認爲這一切都不是偶然的；他的車禍以及這之後所發生的種種。他終於承認生命存在某種奧妙的安排，於是用心思考他的人生。如果生命有一個更大的安排，那麼，一切人爲的努力無法勝過那隻大手的安排及其奇妙，而如果人一生的汲汲營營都是枉然，那麼，人可以放下社會價值標準，眞正地思考究竟他是誰，或是他到底眞的想要做什麼！而這一回他很清楚自己要什麼，他要成爲自己！他有一半的印地安血統，但從來沒有認識過，而這一半現在正在召喚他，於是，他回去保留地看祖父母，並且在那兒遇到他的啓蒙老師，一位部落中的巫師！就這樣，他走上了巫術及奧秘知識的學習之路！

他提到在整個學習過程中，最大的考驗就是以一位巫師的身份重新和人群結合，也就是說以此爲業。剛開始他完全不相信在現代的社會中還有人會需要巫師，不過，他發現，每當他在困境中心生懷疑時，就會完全失去力量，而：「一個巫師沒有任何憑依，除了以他自己的力量和那更大的力量結合！」他那藍色眼睛在我面前閃著亮光：「妳聽好，我現在要告訴妳一個非常重要的事，那就是，妳是一位非常有力量的巫師，妳是一名大師！妳必須接受並且完全相信！」

我看著他，腦中哄然作響都是平時我對於「大師」這個名稱的想像。我不禁脫口而出心中的想法：「不！我想你弄錯了，我只是一個平凡的人！」「哈！我就說，妳心中充滿恐懼，妳看妳多麼害怕成爲一名大師！」是啊！我心中想的是那種穿著誇張的神秘圖騰的袍子，張開雙手讓信徒膜拜的宗教騙子。在這個想像的同時我也意識到自己對於大師這個頭銜是充滿了負面的思想。「是啊！妳的腦中太多負面的想像！眞正的大師本來就是個平凡的人！不但平凡，而且還是最平凡中的平凡！」這人好似擁有讀心術一般地將我的心思說了出來。我簡直無言以對，只有含著淚看著他。「妳爲什麼不哭出來呢？」他的聲音在我腦中迴盪，我又一次對於這位巫師強大的力量感到驚異。哭泣？是啊！我是可以再讓情緒宣洩一番。不過，我深吸了一口氣，發現自己其實不再那麼恐懼了，於是我說：「不！我想我了解自己的問題，但也看到自己的力量了。謝謝你！」我對著他深深地致謝，然後結束了那一次的對話。

見過這位印地安巫師之後，我的心變得沉靜多了。日子還是一樣地過，但我開始與人接觸，並且認眞地思考我想要做什麼？獨自一人思想著自己的生命情境時，我發現我是個離了婚的女性，一個中年失婚的婦女，不是某人的妻子，所以不屬於某個男人。而離開學院及公司之後，我不再是某大學的教授或是某公司的顧問。簡單地說，當我出門與人見面時，如果在座有人開始互相交換名片，我往往是唯一沒有任何名片的那個，同時，我也無法說出自己的頭銜或任何身份。除了是我自己之外，我什麼都不是！更重要的是，我認清——我什麼都不是，我就是我自己！

那麼我到底是誰？記得有一回，有位朋友介紹我認識一位專門贊助原住民社區福利的基金會執行長。朋友相當贊同我所提出的原住民工作村計畫，所以透過一些人脈關係，讓我和這個基金會有直接的接觸，並且相信可能促成某種程度的合作。不過，那一天，陰錯陽差地我記錯了約定的日子，一早起床被陽光吸引，於是準備好礦泉水，往住家附近的山裡走去。等我下了山已超過約定時間十幾分鐘，朋友早已急得不停地打我的手機，只不過山上沒有訊號，所以直到山下才接到電話。當下我二話不說，馬上招了一部計程車趕往約會的地點。等到了那兒，見到朋友相當尷尬地在替我的遲到多方地解釋。

我氣喘吁吁地站在那相當闊氣的辦公室裡，一屋子的人看著我，我的衣服沾滿了爬山時的汗水及污泥，我的頭髮零亂，我緊張的先在牛仔褲上擦拭後才敢和那位先生握手。接下來當然就是收到一張名片，然後，我露了個大笑容：「對不起，遲到了，對不起，我沒有名片！」就在這一刻，我看到對方一副不可思議的表情，我想，要不是因爲禮貌，他眞的會馬上請我離開，我完全感覺得到他認爲我在浪費他的時間！

不過，我們還是談了好一會兒。一談論起我想要推動的以公平貿易的精神來從事原住民的社區工作，我就不再覺得緊張。等聽完我的談話之後，輪到對方介紹他們這些年來對原住民社區所做的關懷行動：「我們幫助學童，我們盡量提昇原住民的教育資源，例如送電腦以及成立電腦教室，而最重要的是我們想要讓這些學童有信心及希望，我們希望讓這些山上的孩子知道他們也可以成爲工程師或是飛行員……。」

談話結束時，對方相當禮貌地和我握手，並且說：「許老師，我很佩服妳所堅持的理想，但是，妳是一位人類學者，而社會工作是要讓受幫助的一方能擁有競爭力，所以，從學童教育開始才是最重要的……。」我已經忘了自己如何回應他，大概也是幾個禮貌性的笑容及表示敬意的話，然後就和朋友走出這個基金會大樓。

後來我和朋友到附近的咖啡廳閒聊，她很關心我會不會有挫折感，因爲她也明白今天的會面是完全沒有任何成果的。她說：「我發現那個執行長只顧著展示他們的理想和成果，根本對於妳要做的事連聽都沒有在聽的！」挫折感？不！如果今天我沒有不經意地忘了約定的日期，那麼我一定會好好地準備自己來赴約，因此，我會在事前帶著期待，畢竟他們可是國內數一數二資源雄厚的基金會。但是，因緣湊巧地我竟然毫無準備匆忙趕來，所以，完全在狀況外，沒有過多的期待。因爲這樣，反而清楚地看見，這段時間我一直在瞎忙與等待，我一直以爲這個社會的各方人士都應該會認同我的觀點，而我只要和他們碰面，他們都會願意和我合作的。

今天我的最大收獲就是，我不想做所有的慈善團體和社會福利機構所做的事，那就是：我不想改變任何人！我不想要培養原住民成爲高科技人員或是飛行員！因爲，那是以我們的觀點去同化他們。我只想要和一群有自主意識的原住民朋友合作，讓他們的族人重新找到自主與自在的生活方式！這一群和土地緊密結合的人，他們在大自然的環境中原本就發展出自己的教育和生活模式，是現代文明的衝擊讓他們失去了族群本體的價值觀。如果人能重新回到自己的本質之中，那麼，他可以扮演任何他想要扮演的角色，不論是高科技人員、飛行員，或是山中快樂的獵人……。

這之後，我再也沒有主動尋找任何合作的人或團體，同時，也完全接受成爲一個卑微的人；尤其是一個卑微的女性！這是一份多麼大的自由！沒有任何體制或是個人會對我有所期待或是有所指責！然後，我才眞正明白爲什麼老天要我辭掉所有的工作，因爲只有透過這個行動，我才能達到這個空前自由的狀態！而自由有時是會讓人恐懼的，因爲自由的另外一面就是沒有任何憑恃與依靠。不過，當我經歷並且穿越內在的恐懼之後，我終於了解，其實，人永遠有憑依的，如同《聖經》裡耶穌指著天上的飛鳥及地上的百合花對著他的門徒說：

我告訴你們，不要爲你們的生命憂慮吃什麼，或喝什麼；也不要爲你們的身體憂慮穿什麼。難道生命不是貴於食物，身體不是貴於衣服嗎？你們仰觀天上的飛鳥，牠們不播種，也不收穫，也不在糧倉裡屯積，你們的天父還是養活牠們；你們不比牠們更貴重嗎？」「關於衣服，你們又憂慮什麼？你們觀察一下田間的百合花怎樣生長：它們既不勞作，也不紡織；

可是我告訴你們：連所羅門在他極盛的榮華時代所披戴的，也不如這些花中的一朵。

經過這一切的事之後，我發現如果能活得像天上的飛鳥及地上的百合花，那會是生命中莫大的祝福！

老鷹與蛇

當我不再爲自己的境遇憂心時，反而更清楚該如何過日子。於是我退掉台北市中心的租屋，搬到城外二哥買的公寓中。這下子不但省了房租，同時也讓自己過著半隱居的生活。每天從住家的窗戶看著遠處的山巒，我的心自由馳騁在無邊的想像世界裡。回到自己的內在並和整體存在的結合，讓我掌握到力量的根源。那一年的冬至前，我接收到十分明確的訊息，就是這年的僻靜就在自己家中進行，並且，我得在冬至那天出關，然後半夜開車到花蓮的海邊迎接第一道陽光！我並不擔心經過三天的不吃不喝，是否還有足夠的體力開四個小時的車到花蓮。結果，一切都十分地順利！

這之後，除了幫一些朋友解決問題才會進入接收訊息的狀態，此外，有好長一段時間我都沒有任何直接的能量或訊息的連結。換句話說，我過得像一般人一樣。但是，這種情況並不讓我失望，我完全接受自己是個平凡無奇的人，但同時又能體會一般人無法體會的抽象世界。和以前不同的是，我不再將這兩個世界分離或是混淆。在經歷過這些年；不！應該說，當生命走到四十多歲的中年之後，我深深地體會到平凡的物質世界和奧妙無窮的心靈世界是一體兩面的。

這個心境讓我順利地經歷更多的事情，有一些是人際關係的困頓或是更常出現的個人經濟困境。而每當自己覺得快要失去平靜時，我唯一能做的，就是回到內在，並且真誠地感受那顆在種種境遇中波濤洶湧的心。在這種時刻，深深地呼吸，然後問自己是否還在恐懼，有趣的是，我發現，那顆心往往就在意識到它自己時瞬間恢復平靜。如此的平靜帶來深度的內在清明，而往往就在這種清明意識的恢復時找到解決困境的辦法。

記得那是一個入秋的深夜，而這段期間也正是我開始不再害怕獨自一人行走世間路的時候。那一夜，我一樣在睡夢中沒有任何事先的徵兆之下被喚醒。在暗夜中清醒地睜著眼，我看到一個令自己驚訝的圖像。不，應該說我看到兩個人站在我的面前，那是一位美麗的女子以及一名雄壯的男性。深色的皮膚以及微捲的黑髮，兩個人都帶著半面的面具，透過面具仍然可以看到他們線條突出的五官，那是兩名印地安人！他們沒有開口，但我可接收到他們傳過來的意念，他們自稱是蛇神與鷹神，一位名叫楚瑪，另一位則自稱帕帕楚瑪。自我介紹之後，就不再有任何的語言意念的溝通，令我驚嘆的是他們在我面前開始合爲一體，我看到老鷹與蛇的合體！那兩人的合體漸漸形成一個圖騰，然後進入我的第三隻眼之處，接著就消融無蹤！

然後我感覺到自己的頭顱內部有快速的能量竄動，不過，我沒有任何恐慌，因爲楚瑪溫柔的聲音哼著一首我從未聽過但又熟悉無比的曲調，那曲調讓我十分放鬆。這樣的能量振動持續許久，一直到天色微亮，我才沉沉睡去。

隔天醒來後，我幾乎將昨夜所發生的事當成一場夢，不過心裡又清楚那並不是，同時，我留意到，當我注視著鏡子時，我的雙眼會透出某種奇特的光芒，而之前這眼中的光芒並不存在的。

接著，幾乎每天夜裡，這兩位靈界的朋友都會出現，每一次都是在夜半之時，而每一回都有一種奇特的能量練習。記得有一次，我問楚瑪（我注意到帕帕楚瑪並不和我溝通的，每一次都是楚瑪對我傳遞訊息）爲什麼找上我，而又爲什麼做這些練習？她回答：「因爲妳是我們在某個過去時間的伙伴，或者用妳可以了解的話，我們曾經是妳靈界的朋友。現在妳已走到一個和過去、現在以及未來連結的關鍵時刻，而這個時刻是由心帶動的，因爲妳的心走到那個關鍵點，所以我們出現了！」對於這樣的解釋我並沒有太多的想法，不過倒是想起幾年前，有一回在花蓮的小神壇中，和卓澔一起進入某個前世的回憶中，在那一世，我和他都是中南美洲的印地安巫師，那就姑且相信，我在某一世的靈界伙伴找上門了吧！

又有一天，楚瑪獨自出現在某個午夜夢回的時刻，我一睜開眼，就看到她那微微發光帶著面具的臉十分貼近我的眼前。接著，楚瑪拿開臉上的面具，好一張美麗的臉孔！她要我「仔細地看著！」就在注視的當下，我感覺到自己的臉部有一股能量流動，然後感覺到她的臉和我的完全融合在一起。接著，她又拿出那個面具，是一個精緻無比，黃金質地的面具，她將那面具放在我的臉上，然後傳達意念：「從現在開始，妳，蛇和老鷹的女兒，妳要以女性的面貌出現在人間，不要忘記妳自己！」

我並不十分明瞭這一切到底是怎麼回事，尤其是「以女性的面貌出現在人間?!我本來就是女的啊！」在我這麼思考的同時，楚瑪又傳來一句話：「不！妳忘了自己是個女性已經好久了，還記得多年前妳做過的那個沙漠的夢嗎？」這個提醒勾起了我的回憶，那眞是好久以前了，距離現在應該也有十多年了吧！那時我還在法國唸博士班，除了上課作研究之外，單身的我身邊不乏追求者，但仍然覺得這些都不是我所想要的人。不過自己也不知該作何選擇。記得那時還十分熱衷各種新時代的思想，我大量閱讀各種心靈書籍，其中最吸引我的是美國的人類學者卡斯達內達所寫的，關於一名印地安老巫師唐望的書籍。我幾乎將巴黎市內可以找到的這個作者的書，不論是英文或是法文的版本全都搜購。那些書不僅讓我廢寢忘食，更是讓我一遍又一遍地重覆閱讀。

因此，那陣子腦海中都是美國和墨西哥交界處的沙漠以及神秘又迷人的印地安巫師。有一天，我剛和一個向我求婚多次，但我仍不知如何回應的俄羅斯籍男友分手，心中的感受十分複雜，自己也不知到底是失落還是輕鬆。那天晚上我仍然在睡前看了唐望的書，然後就在滿腦袋的想像以及滿心複雜的情緒中入睡。我做了個夢，那是個清明夢，也就是在夢裡我知道自己正在作夢，而這在唐望他們的巫師訓練中是很重要的，清明夢是巫師所追尋的具有啓示力量的夢！

夢裡我一個人走在無邊無際的沙漠中，是傍晚時分，一輪金黃色的太陽掛在天邊，我低頭看見自己，披散著長髮，身上穿著一件白色的寬鬆的長袍，在我的腰際有兩條蛇，牠們是我的腰帶。看著那兩條靈活蠕動的蛇，心裡忽然領悟到，我必須釋放其中的一條。於是手中多出一把刀子，然後抽起右邊腰際的蛇，拿起利刃將那蛇就這麼一刀從頭到尾剖開牠的腹部。我用手將那蛇皮給抽了出來，然後丟棄在地上。那抽空的蛇皮竟自己頭咬著尾形成一個圓圈，如一個車輪般朝向遠處的夕陽滾去。我帶著驚異的心，目視那遠逝的蛇皮，一隻手摸著另外一條還在腰際的蛇，心裡覺得無限的輕鬆，同時想著：「我還有一條蛇！我得好好保留著！」

做過這個夢之後，奇怪的是我馬上領悟到一件事，其實我並不愛任何身邊的追求者，而我眞正所愛的對象又是天生的波西米亞人的個性——他是個無法承諾婚姻的藝術家！但是當時我眞正想要的是：「成爲母親」。這領悟讓我十分驚訝，以前一直以爲自己是爲了愛情而想要婚姻，然而，這時我完全了解其實我眞正的意圖是找個願意和我結婚生子的男人。

一旦有了這個領悟之後，我的心境變得十分輕鬆，那時，十分清楚，在我自己的女性身體中，有一股強大的生物動能，要我成爲母親。因此，我的課題就是找到一位有能力成家並且對於生兒育女有意願的男性。如果沒有找到這樣的男士，那麼，當時我想，我得找到一位有經驗的女性心靈導師，教我如何轉化這股從遠古以來就不停驅動這個世界的母性生殖慾望與驅力。那條被我剖開腹部的蛇，象徵的就是這股力量！

這之後，我結束博士班的課業，然後回到台灣，沒多久就遇到了一位願意成家的男士，然後迅速地結婚生子。但九年之後，我離婚了。雖然如此，我十分清楚，如果生命再來一次，我仍然會作同樣的選擇。現在當我回想這個沙漠的夢境時，已經歷過爲人妻爲人母的女性生命階段，爲何楚瑪說我沒有以女性的面貌在人間展現呢？「因爲妳只記得要當母親，那只是女性生命的一部份，雖然那是十分重要的部份，重要到許多女性會以爲那就是全部。如果妳觀察那些受過良好教育的女性，妳會發現在生命的某一個階段，不論她有沒有成爲人妻或母親，她都只剩下安定的母性的能量。但是還有一種女性力量也是十分重要的，但不被一般的女性所重視，那就是不安的、誘人的女性吸引力，一般將它視爲青春的力量，其實，它可以在不同的年齡展現的……。」

我完全聽懂楚瑪所說的，但是，她馬上傳來她的看法：「妳還沒完全了解，要知道，眞正的了解是用生命去體會的，給自己時間，妳會明白我所說的……。」

又有一天夜裡，又是從睡夢中被喚醒。有趣的是，這一回竟然是帕帕楚瑪的意念傳來：「打開妳自己，記得要打開妳自己，別驚慌！」就在那一瞬間，我還來不及有任何反應，忽然感覺到從身子下方；不，從整棟建築的地底深處有股強大的震波往上湧來，還有一種難以形容的吼聲也從大地的深處呼嘯而出。我察覺到那震波從我的尾骶骨進入，由下往上貫穿我的全身。好似被強大的電流穿過般，我整個人在床上捲曲、拉直。這經歷只有短短幾秒，然後我看到房間裡的吊燈劇烈的搖晃，是地震！

這場地震規模不小，當一切都恢復平靜時，我完全無法再入睡，全身的能量震動持續許久許久，一直到天快透亮才沉沉睡去。

隔天醒來時，昨夜發生的事有如一場夢，但是，我感覺自己的身體有一種奇怪的改變，可是無法具體指出那是什麼樣的改變。過了幾天，我得知上回那位白種印地安巫師丹尼爾又來到台灣。距離上次見面的時間已過了將近一年，我回想自己這一年來所經歷的，以及之前那強烈的生存恐懼，因爲他的提醒而得到轉化，心中對他充滿感激，於是，打了電話約了見面的時間。

來到丹尼爾旅館的房間，發現他仍然是充滿了力量，整個人有種說不出來的光芒。我想要像靠近一位多年的老友般地接近他，但同時又對他有著某種程度的畏懼。除了他之外，另外還有一位女士在旁，她是翻譯，同時也是助理。丹尼爾給我一個大擁抱，指了指他對面的坐椅要我坐下。他直視著我：「妳這一次來見我是爲了什麼？」「哦，我想要謝謝你，感謝你上回所做的事，我得到許多的心靈力量，同時也不再恐懼了！」「就這樣？」我心裡原本充滿謝意，聽到他這句一點都不溫馨的回話，頓時想：「這人怎麼這麼粗魯？」我的語氣有些遲疑，但還是說出心中所想的：「其實，我還是要和你討論我的情況，事實上，我仍然是收入微薄，不知該如何改變這個現況」。丹尼爾抬了抬他的眉毛不可置信地說：「妳仍然沒有太多收入？妳怎麼可以沒有錢？一個沒有錢的巫師，告訴我他能擁有多少法力？」這話讓我更不舒服了，他怎麼可以用錢來衡量？「妳一定認為我既現實又不通人情！」我真的相信這巫師有他心通！「我沒有這個意思……」我試著保持禮貌，但有些困難，因為我發現自己的語氣有些僵硬，不但如此，我的雙手竟然有些微微地發抖。我又生氣了，我可以感受到自己的憤怒正在內心迅速地昇起，這讓我不知所措，因為我從未如此失態過。「妳知道嗎？沒錢是妳的問題不是我的！」這話說的是，從他的穿著看來，他並非很有錢，但從他的眼神及語氣，我知道他可以擁有財富——如果他想要的話！

「我發現妳還真愛發脾氣！」這話不說還好，一說我的怒氣可真是無法抑止地衝了上來。我睜大眼睛看著眼前這位大言不慚的巫師，心裡開始覺得受夠了，我幹嘛要花錢來受氣！就在我正想要起身走人時，丹尼爾做了個要我安靜的手勢：「請妳讓那隻蛇與鷹退下吧，妳在浪費祂們的能量！」這句話引發了一個奇怪的視覺幻像，我好像看到楚瑪與帕帕楚瑪就在身旁蓄勢待發。然後才恍然大悟，原來自己擁有那麼強大的能量！而當自己的情緒激動時，這些能量會被我的情緒驅使！「是啊！所有的力量都來於妳的心！」

這個體會及領悟讓我心喜無比，原來能量的運作是這樣的！這些年來，我非常清楚自己身上有股不尋常的能量，但不知如何加以運用。原來能量是伴隨著情緒及情感的，或是說以前學氣功時，常聽老師說的：「氣由意使！」今天我實際體會到，原來能量的運用是要清明地運用心的力量！那難怪，有時當我接收到大量的宇宙能量時，會有情緒的反應，和部落裡的女巫師們閒聊時，她們也經常提到當神靈降臨時，她們會因能量滿溢而流淚。這個領悟讓我同時感到全身的能量迅速流動，而我的眼中也快流下淚來，但是，我的心境同時處在既感動卻又清明的奇怪狀態。

丹尼爾一定看出我的狀況，他笑得很開心，那宏亮的笑聲具有感染力，我也跟著大笑起來。同時在這愉快的笑聲中，他開始告訴我如何運用身上這股能量，我依照他的指導，作了數次的練習。丹尼爾看起來相當滿意我的學習。這時，我發現自己對他不再帶著畏懼，不但如此，還有種和他非常熟識的感覺。時間快到了，我站起來對他致敬，這時，門鈴響起，下一位前來尋求幫助的人也到了，不過，丹尼爾要我等他一下。接著他從自己的行李箱中，拿出一條奇特的細繩，他說那是他來台灣前，忽然覺得應該製作這麼一條魔法繩，那是用美國野牛身上的某些部份編製的，現在他覺得應該要送給我。我驚訝地看著這繩索的精緻，感動異常地接過這美麗的禮物。

離開丹尼爾之後，走在路上發現自己對於如何讓內在的力量展現於現實界的方法有了些許領悟，這也正是創造力的運作法則。最不可思議的是我和這位印地安巫師素昧平生，但我們竟然可以在台北碰面，並且由他指導我重要的法術原則。當我掌握到這個法則之後，也清楚地知道，精神與物質兩相矛盾的世界，已不再如以往一般地讓我感到挫折與困擾。換句話說，在某種程度上，我已準備好運用宇宙內在的精神力量來開創自己的生活！

雙蛇會

自從見過丹尼爾之後，我開始運用他所教導的方法來幫自己或他人解決問題。其實這方法很簡單，那就是將需要處理的事寫在紙上，然後以身上的能量將這張紙『送出』。有趣的是，每當我構思所想要處理的事時，一些文句或是奇特的符號會自動浮現在我的腦海。我只要放空自己的思緒，就可以非常容易地將這些文句或是符號書寫在紙上，而最後的一道手續則是將這紙以能量送出並且焚化。

當我執行這法術時，感覺自己就像是一位敕令符法的巫師！而身上的能量就是我這些年來所帶領的兵將！每當催化一張符令時，好像可以感受到兵將們紛紛聽令執行任務！不過，當這時刻一過，我就不再去思考究竟這一切是否有用或是這一切是否只是自己的想像力。因爲我知道，內在的精神世界與外在的現實之間，最大的阻隔就是人心過度的想像、造作或是懷疑。

過了一段時間，我開始收到一些朋友對我所提供的幫助的回應，他們覺得事情有所轉變。當然也有人覺得他們的事情仍是沒有任何改變，不過，我學會讓無形的力量去運作，而不以人世的時間觀或得失來看待！

有一天，應邀到一個人家中做客，這個朋友剛好在生意上有一些資金調度的困境。那天他請了一尊藏傳佛教的神像到家裡供奉，看好日子及時辰讓我也過去觀禮，順便請幾個關心他的朋友吃晚飯。所以當天我只是單純地想去看神明安座及吃一頓豐盛的晚餐。到了主人家大約是下午三點多，等大伙到齊了也大概四點左右，時辰不錯，於是主人就請一位朋友幫忙打開放置在紙箱中的神像，然後兩人合力，慎重地將那神像擺在預定的地方。我原只是站在一旁欣賞那銅佛像的工藝之美，沒想到當神像往預定的位置一擺放時，心頭微微一震，我抬頭看了看周遭的人，然後說：「不得了，我可要躲遠一些，不然會起乩的！」是啊！這感覺太熟悉了，這是神明先行「打招呼」的方式，如果不方便借身起乩，此時正是辭退的時候。沒想到這下子引起眾人的興緻了：「許老師，我們從沒見過妳起乩，就這麼一回也讓我們開開眼界……」

其實我心裡也是帶著不少的好奇心，還能說什麼？當下全身放鬆，心裡沉靜，然後，我看見一團巨大的能量從虛無之中席捲而來，那能量瞬間充滿我的全身。感覺到自己的身體和這股能量相較起來簡直是渺小不堪，不但如此，我可看見那無形的能量慢慢地形聚出模樣來：一尊巨大無比的龐然大神，身上的手多到無法數，每一雙手都握持有各式奇怪的法器，其中甚至還有淌著血的人手及人腿。

這一切太詭異了，我從未見過此景，不過心中並沒有太大的恐懼，比較多的成份是好奇。我的意識雖然不停地接收從另一個世界所傳來的訊息，但深層的意識還是清明、安靜的。我的身體不停地震動，那能量波動深入到五臟六腑，同時，我也了解，這充滿全身的能量只是那團巨大的能量的一小部份，以我這凡人之軀，應是無法承受全部的能量。

當那能量漸漸被我的身體接受之後，我踩著自己從來沒見過的大步伐，滿屋子的人圍著我開始問起事來。我或是接收神的意念再作回應，或是直接對著當事人的身體作一些能量加持的動作。輪到主人問起他的生意困境時，一個日期十分清楚地在我的腦中浮現，於是我說出這個日期，並告知在這一個特定的日子應有機會可以解除他的困境。

這場密教神尊降臨的場面大約持續了一、兩個小時，當那能量漸漸退去時，我已經可以和眾人坐在庭院的涼亭中閒聊了，只不過，我的身體仍然微微地震動著。

每當回顧這些通靈或降神的場景時，對我而言，眞正重要的不是訊息的準確度，而是那令人不可思議的能量！至於究竟應該如何看待神喻，我想，有一位曾經以自身的生命勇敢探索心靈世界的前輩，也是心理學界的大師榮格就曾爲此作了一個十分奧妙的解說，榮格認爲神喻是一把兩刃刀，或者說，象徵的世界原本就包含了矛盾兩端的意義！然而，人往往以自己所期待的方式去解讀神喻，這時人會錯失的是神喻所包含的矛盾的另一端的訊息，那就是說，神喻不能只從字面上來解讀。這些年來，我的了解是神喻所包含的訊息不只是矛盾的兩端，它還是多層次也是多涵義的。如果能夠從不同的層次來看待神喻，那麼，我們的認知系統不論是深度或寬廣度都將會獲得相當程度的擴展。

每次當我接收訊息時，不論那訊息是針對自己或是他人，接收時可以感受到超自然的能量是存在的。至於訊息是否會應驗，那我和每個人一樣都是沒把握的。經過這些年，我學會的心態是認眞對待每個訊息，但別太當眞！這個心態是從孩童身上學來的，每個孩童在遊戲時都是十分認眞的，但沒有一個小孩會因爲遊戲中的得失而吃不下睡不著，因爲他們完全盡興地沉浸在遊戲的每個過程中，之後他們也會心滿意足、流暢地轉換到生命的其它情境中，即使上一個片刻他們還在爲一個輸贏爭得面紅耳赤。

道家的思想最能傳達這樣的精神。人世間原本就是禍福相依，遇到困境時超自然的訊息只能提供人一個解釋及心靈的依託，但沒有人能保證什麼的。同樣的，當我把那個日期告知給當事人，他十分期待眞的會有一個重要的轉機發生，而事實上，那個日期到達時，我剛好也到過他家，眞的有一些轉機出現，但當事人完全忽視，並且一點也不認爲那就是解決他的困境的機會。雖然我當時對他拼命地暗示，但沒有用！我也只能尊重每個人都有權利選擇他解決問題的方式。而事實上，如果他眞能認同生命中的每一個境遇都取決於我們的心態，那麼在每個當下充份了解自己的心才是找到力量的辦法。所以，問神卜算或是找心理諮商，都只是一個過程，在這個過程中，我們會發現再多的訊息都比不過對自己眞正的了解，透過各種生命的境遇，我們了解自己的力量和局限，也就不會浪費力氣去期待或是依賴，而是站在自己的雙腳上一步一步地走著人生的道路。眞正的幫助永遠都在每個人的身邊，因爲老天給萬物同等的機會——毀滅與存活的機會！

因此，當那位朋友沒有把握住那個機會時，我說了幾句可惜及怪他沒及時把握的話，不過我也了解這正是人性自然的現象。又過了幾天，有天晚上和幾個研究宗教的朋友在家中聚餐聊天，忽然有人提到道教的符法，我將丹尼爾教我的練習以及我自己的領悟告訴眾人，說著說著，忽然感受到有股能量進來，我清楚地看見五張五方招財符在靈視的狀態下出現。我告訴朋友們這事，大伙都很好奇那是什麼樣子的符，於是當下拿了一本筆記本，大致描繪出每張符的樣貌。原來這些符都沒有可辨識的字形，只有一些線條形構出某種平面空間，而線條與線條之間讓人感到一股難以形容的力量。朋友之中有一位正在研究通靈現象的博士生，本身也有相當敏銳的感通力，他看了每張符都有感應，於是幫我補充一些要用什麼顏色的紙或以何種墨色來畫符等等訊息。我認真記下他所說的，並和他約定時間來畫符及催符。

約定的時間到了，這位朋友也依約來到我家，拿出備妥的紙及筆墨後，我靜心畫出每一張符。在進行的過程中，能量開始濃濃地聚攏過來，不只是我，在場的這位朋友也和我會意地交換了一些眼神。當那五方招財符都畫完之後，我腦中開始浮現催化符令的程序與步驟，於是我一一地將這程序完成。看著最後一道符令燒化完畢，朋友說：「這下子是不是代表妳要發財了？」我正要回答其實只是好玩，並不知道到底在現實世界中會應驗什麼。這想法一出現，腦中就浮現一個訊息，原來，我催化的五張符，那符氣都在我身上，但這是要用來幫助人的，不是用在自己身上。至於幫助誰？我馬上想起那個做生意遇到困境的朋友，如果可以對他有所幫助，那我也是樂意的。因為千古以來，巫者所做的就是為人民帶來豐饒的祝福，我不認為如果用這五張符幫人，那人就會日進斗金地招財進寶，但我相信，只要當事人願意接受，那麼在某些程度上應會給予一些精神上的力量，而人處在困境中，最重要的是從內在找到力量。

於是隔天，我打了個電話給那位做生意的朋友，並且告訴他如果願意，可以將昨天接收到的五張招財符化在他的辦公室中，增加一些財氣。同時我也言明，因為是我主動建議的，所以我不收任何費用或紅包。朋友表示很樂意接受，所以當天下午我就到他的辦公室，將這五張符的符氣安在五個方位中。在整個執行的過程中，我按照自己行事的慣例，將每個步驟詳細說給當事人知道。正當這場小小的巫術儀式快結束時，我正收拾著一些法器，忽然接收到訊息：「將身邊的兵馬送給這人，他家中有神明，這些兵馬可以爲神明效力，同時也可跟著修行並得到轉化！」

我告訴這個朋友剛才所接到的訊息，問他是否願意讓我將兵馬送給他？這人一副不明白的表情，但仍然虔誠地說：「如果是神明的指示，那當然願意接受啊！」一取得當事人的意願，靜下心來感知如何進行儀式，於是重新佈置好儀式的現場，然後催化一張符令，讓勝武帶領所有的兵馬轉到這位朋友家中的神明座前。做完這個小小的儀式，不知爲何，突然間我有放掉某些事物的感覺，但又無法明確地指出那到底是什麼。不過，告別這位朋友時，他送我到電梯口，看著他我有種失落的心情，我知道那是什麼，是與一位無形的摯友分別的離情！當電梯門關上的那一剎那，我回想起這些年來，遭遇到許多的挫折與磨難，往往在夜半夢回之時，不知在人世間如何自處或行事。在這些孤獨的時刻，是勝武這個虛幻的靈界伙伴讓我感受到支持。而今天，在全然沒有心理準備的狀態下，我放開這位伙伴。這感覺令人噓唏。不過這也正是生命無常的實相，每一個剎那都有無數的生離死別。因此，我也只能接受。

回到家已是夜幕低垂，我沒有任何食慾，呆呆地坐在電視機前無意識地轉換頻道。忽然感受到一股巨大的能量震動，那震動強烈地撞擊胸口。我被這突如其來的事件給震住了，心中異常地產生了恐懼，腦海裡生出好多疑問，最害怕的是：目前我的能量低落，多年來習以爲常的兵馬能量讓我感受到自己身強體壯，但現在我覺得虛弱，如果有任何不懷好意的力量在此時入侵，那我還眞是全無招架的能力！看著內在的恐懼不停地上昇，我調整自己的呼吸，穩住那快要衝出胸口的心跳，爭取到一個萬般念頭與念頭之間的空檔時，我摸著胸口問道：「這是什麼？你是誰？告訴我你要做什麼？」然後我接收到一個十分明晰的訊息：「我是你的青龍將軍！」

是啊！我一直都稱勝武爲飛虎將軍，如今祂已離開，卻原來，我還有一位青龍將軍可用，而且，祂還是一位女性！「祢是誰？我以前認識祢嗎？祢叫什麼名字？」一連串的問題隨著我的意念發出，但是，我等了片刻，只有更強烈的能量從身體底層不停地往上湧現，同時，我的身子開始捲曲扭轉，一個好像許久沒說過話的嗓音從我的喉間冒出：「啊碧！」閉著眼，我彷彿看見一條青色的蛇形，叫「啊碧?!」這名字倒是有趣，不過我並不記得自己曾經結識這樣的亡靈，因爲在我的認知裡，只有亡靈；尤其是不安的亡靈才有可能被轉化成兵將。在這同時，我對著啊碧說：「祢是我的兵將，那請祢離開我的身體，祢只要在我身邊就好了！」「不！我不會離開妳，因爲我就是妳！」這個回答帶來很大的心理震撼，我一直以爲自己只有一個靈魂的原型，那就是一條白蛇，而我從來不知道原來自己還有青蛇的原型。剎那間，我明白榮格所說的神話與原型的理論，原來，那不只是一個比喻或象徵！或者說，比喻與象徵是可以如此眞實地在人格中顯現。當然，在理性的了解上，我知道是這樣的，但從沒想過，自己的生命經驗可以如此眞實地反映到中國傳統神話中，白蛇與青蛇的原型與象徵。

自從青蛇的原型出現之後，我發現自己的內在眞的有兩個不同的女性特質，一個是偏向母性的白蛇，她的特質是給予、滋養還有撫慰。同時，她也具有安定以及不易屈服的大地能量。這特質我十分熟悉，尤其是多年從事特殊教育、心理諮商，還有後來教書或是從事心靈療癒工作，都是這樣的女性特質在運作。不過，我對於青蛇的女性特質反而十分陌生。

就在知覺到她在我的身體內部浮現之後，我開始對她產生無比的興趣，於是，我花了好多天的時間和她進行內在的對話：「告訴我，妳是什麼樣子的？」我閉起眼，等待她的答覆，但是，她沒有用任何語言來回答，而是讓我看見一幕幕有趣的畫面。我看見萬物在春天甦醒，然後年輕的雌性動物散發著青春的氣息，我的內在之眼被一隻美麗的雌鹿給吸引，她脆弱、敏感但是機靈、變動。我了解這就是道家陰陽學說中的「少陰」的力量，當這股力量被大地釋放出來時，萬物爲之而動！而我回顧自己的人生歷程，發現幾乎沒有任何機會讓這個內在的女性心靈原型展現。成長的過程中，由於父母經常爭吵，我是個早熟憂鬱的少女。大學時代開始練武，更讓我無論是身形或是心理都偏向陽剛的發展。雖然獨立自主，但內在充滿許多矛盾與衝突，我老是覺得自己的內在有一股令自己害怕的力量，但無法辨識那是什麼。成爲兩個小孩的母親之後，我發現這股力量獲得某些安定，但是，幾年的婚姻關係，仍然在某種程度上重演了父母的情境。離婚之後，雖然過著相當平靜的日子，但是，我知道還有許多內在的力量尚待了解與開發。現在，我終於完全解讀十多年前所作的那個身繫雙蛇的女巫之夢了。

原來，我所剖開的那條蛇是母性之蛇，在成爲人母之後，這力量得到轉化。而另外一條沒有釋放繫在腰間的蛇，象徵的就是這股原初的少陰——也是少女的青春力量。在這同時，我終於了解幾個月前那個南美的印地安蛇靈楚瑪所說的話，同時也體認到生命的安排充滿奧秘。老天讓我在成長過程中，沒有機會去使用這股少女的能量，到了中年時才讓我認知到這力量，我明白，以中年人的生命歷煉及心思，是可以充分轉化這股力量，讓自己得以進入生命的另類情境，那就是對於奧秘的探索與追尋。

有了這樣的領悟之後，我和青蛇展開更多的對話，大部份的時間是向她學習：「告訴我妳所知道的一切！」有一天，我正開著車，就這麼和她對起話來。「我懂得所有植物、星辰以及地、水、火、風的一切知識！我們的兵將不是人間的亡靈，而是大自然的精靈，沒有階級，沒有派別，也沒有組織。我們就是大自然的全部！」我將車窗搖下，依照青蛇的指示將手伸了出去：「妳看，妳可以摸到風的能量體，如果妳用心看，妳可以看見風的能量旋渦！」在那個當下，我真的覺得自己看見風在虛空中所形成的旋渦！一段時間的相處後，我發現青蛇是一個不受管束，自由的靈魂，她有許多突發的想法，比如說，睡到半夜，會被她的呼喚聲叫起：「看窗外！」「什麼？半夜三點鐘？！」不過好奇心勝過睡意，我真的起床拉開窗簾，然後，看到一輪滿月，在遠處的山巒頂端，流盪著清冷的光波。「看到月光的線嗎？妳可以用手撈起，然後將它們紡織起來！」「做什麼用？」「沒做什麼用。就只是這樣！」我試著將手伸出窗外，在初秋時分感受到手中好像纏繞著許多細小的透著冰涼的絲線，我把玩著這些線，發現可以像小時候玩橡皮筋一般地，將它們以手指編出不同的形狀，這還眞是好玩！。「是啊！妳有多久沒玩過了？玩是這麼重要的事，妳全忘了！」我同意，打從很小很小的時候，我就忘了單純的戲耍的樂趣了。印象中那種樂趣在三、五歲時是每日生活中的要事，但是，我童年生涯的戲耍之樂，在成長的過程中漸漸消失在對周遭環境的擔心與焦慮之中。在那個有著清冷月光的凌晨，我雙手擁抱著滿滿的月光睡去。隔天一早醒來，驚奇地發現並沒有因爲睡眠時間的減少而有什麼不適，相反地，感覺到自己全身充滿著輕盈的能量。

就這樣和青蛇持續地對話了幾天之後，有天夜晚，我發現被忽視了好一陣子的白蛇出現在意念之中：「妳把我給忘了，這些日子，妳學習如何戲耍，這很好，但是，也別把我給忘了！」在這個意念出現的同時，青蛇的靈也出聲了：「那我也很重要啊！妳又回到以前的責任與承擔當中，那我又會讓妳給忘了，這可不妙！」我十分錯愕地發現自己的內在有兩個不同的聲音，同時對我發話。以前所修習的心理學讓我警覺到自己的心理在臨床診斷上是某種精神分裂的狀態。我有些心慌，不知如何是好，原本的兩個聲音現在又多了個擔心害怕的聲音：「妳快要臨近瘋狂的邊緣了！」我就這樣不知所措地聽著這些不同角色之間的內在對話。

如此的混亂與不知所措過了好一陣子，突然，有一微小的心念從最深層的內在發出：「是誰在害怕？是誰在觀看？」這意念雖然微小，但多年的感通經驗，讓我可以察覺到這個微弱的聲息。就在這個察覺瞬間我又找到重心：「是我，是我在分裂，也是我在害怕，同時，還是我在觀看這一切！」當下，我端坐了起來，調好呼吸之後，將這幾個喋喋不休的聲音召喚在一起，然後發現害怕的心消失了，而那兩個完全不同特質的蛇靈的聲音化成兩股能量。我輕輕地調慢呼吸，讓這兩股能量凝聚在身體底層，隨著每個緩慢的呼吸，讓那兩股能量相互交纏的熱氣，緩緩地由下往上昇起，在我的頭頂百會處化成一道熱能，然後流散在全身各處。幾分鐘之後，我又回到完整的自我意識之中。內心除了驚奇之外，還有滿滿的感謝。我不知道這一切是怎麼發生的，但它發生了！

5

老鷹的羽毛

初生之鷹

兩個多月後我又再見到丹尼爾。知道他來到台灣，我馬上登記了個別諮商的時段。一進到他的房間，他和助理還是笑臉迎人地看著我。「你還記得我？」「當然，我怎麼會忘記妳這位台灣的巫師！」我坐在丹尼爾對面，發現原本令我畏懼的他，現在是個親切的老朋友或是一位和善的導師。「今天我能爲妳做些什麼呢？」「我還是來謝謝你前幾次的教導！」丹尼爾十分有禮貌地彎腰點頭：「不要客氣，這是我的榮幸！」我知道他是眞心的，而不是客套。我看著他的雙眼說：「有個問題想請教你，我想知道什麼是老鷹的羽毛？」我告訴他，從二〇〇三年開始，我就著手寫第二本書，內容仍然和第一本書一樣，敘述自己的另類追尋與遭遇，在當時，我就感知到第二本書的書名叫作《老鷹的羽毛》。這幾年來，我努力去了解這個名稱的象徵或實際的意義，但是並沒有任何重要的領悟。聽完我的問題及說明，丹尼爾認眞地思考了一下，然後站起來，好像在宣佈某種重要的事情一般地嚴肅。他說：「讓我來告訴妳，老鷹的羽毛是什麼！」

老鷹對我們印地安人來說，是天上派下來的使者，祂的眼睛看得高，看得遠，同時，祂的視覺也是最清楚銳利的……。

老鷹還是巫師的指引及守護靈，祂是一個嚴厲的導師，也是最忠實的盟友！

老鷹的羽毛代表的就是靈視的訊息傳遞者，祂所傳遞的是神靈的訊息，因此，老鷹的羽毛就是神的使者！

妳，
老鷹的女兒，
妳就是祂所愛的羽毛，
妳就是靈界的訊息傳遞者，
妳就是神的使者！

丹尼爾慢慢地說出上面這段話，從字面上來解讀時，並不認爲有什麼特殊的意義。不過，當他說完這些話時，我發現他的語言具有某種奇特的能量，尤其是最後那幾句「妳就是」，不停地在我的腦中回響著。這些語言具有穿透性，我終於領悟到爲什麼書名要取爲老鷹的羽毛了，因爲透過這本書，有一些訊息要傳遞出去！

說完這些話語之後，丹尼爾坐回他的位置，靜靜地看著我，我沒有說什麼，只有點頭回看他。一陣沉默之後，他輕輕地笑了：「妳要不要讓我看看上回妳作的練習到哪兒了？」我同意地站了起來，並且準備好自己以便進入狀況。他手上不知何時多了一個可以發出聲音的器具，並且有節奏地搖響著它。我閉起眼來打開自己的能量，讓那個聲音和身體產生結合。這時，一股能量由地面穿過腳底，力道直透背脊，我同時聽到丹尼爾要我「叫出聲來！」他的話剛說完，在我體內的力量巨大到我必須發出很大的聲音才可以將它作釋放與調合。當這力量和我的身體完全融合時，我睜開眼來。

「還沒有結束！」丹尼爾說。我知道，因爲我的身體可以感受到又有一波能量在身體的某處昇起。這一次他放掉手中的響器，拿出一塊紅色的礦石，要我握在左手中，並且拍著雙手讓我進入能量的節奏與波動中。這一次的能量更強大，我的肚臍下方——也就是丹田所在，可以感受到溫暖的能量不斷地在那兒凝聚並往全身擴散。這一回我的叫聲更是令自己驚異地悠長高亢，幾乎不敢相信那是從我的喉中發出來的！這個狀況在幾分鐘之後慢慢平息下來，我再度睜開雙眼，感覺全身充滿了溫暖的力量，同時感受到一種無法言喻的幸福感。我們相視微笑，並且擁抱彼此，不止是丹尼爾，連在一旁擔任翻譯的女士也感染到這個幸福與快樂的能量。大伙笑成一團，也擁抱成一團。

當我又重新坐下時，丹尼爾問我：「妳有沒有眞正的老鷹的羽毛？」我回答：「這些年我在原住民部落試著尋找，是有找到一些，但我知道都不是！」「哈！妳知不知道，在美國，如果你不是印地安人，是不能夠擁有老鷹的任何部份，甚至是一支羽毛！」「那如果不小心在地上撿到呢？」「那也不能擁有，被發現一樣要罰很多錢的。」「我倒是有一支老鷹的羽毛可以給妳，還好，我住在英國，所以妳到英國來拿是不犯法的。這羽毛是幾年前一位印地安的長者給我的，我覺得應該要送給妳，條件是妳得到英國來拿！」這主意很令人心動，只是，我不知道從哪兒來的旅費。我沒有將心中的想法說出來，只回答：「我會想要去英國找你，等日期確定時，我會提早通知你的。」現代的巫師除了可以藉由靈力彼此感通之外，還可以透過網路互通訊息，這也是科技所帶來的奇蹟！

離開時，雖然下一位要和丹尼爾見面的人已經來到，但是他堅持送我到門口，並且給我一個深長的大擁抱。我感受到這位偉大的巫師身上所傳過來的能量，和他的體型及能量狀態比起來，我像一個小孩面對一個巨人。這人馬上又展現了一次他的讀心術：「好好照顧妳自己，年輕的小老鷹！這一回妳可要慢慢地飛！」

從丹尼爾那兒離開之後，他和我道別的那句話一直在腦中徘徊，走在路上，我回想著自第一次從一位印地安巫師那兒接觸到老鷹的羽毛之後，上都蘭山進行閉關。然後接收到許多和原住民有關的靈界訊息，之後，以最天眞的想法去執行心中的藍圖。一路上遭遇到諸多挫敗與失落，一直到辭掉所有的工作，成爲一個沒有任何體制可依恃的人，但仍然堅持著自己的想法與理念。不同的是，在挫敗中，我看見自己的局限與弱點。我學會接受所有發生的事，不再急著看到任何成果，但同時繼續堅持心中的理想。我還是在行動中，只是這一回，我懂得慢慢地飛。走在台北初冬的人行道上，閉起眼，我好像看見一隻羽翼初長的幼鷹，在多次跌跌撞撞的飛行中找到自己的平衡，然後小心翼翼地緩慢起飛。

夢之羽

和丹尼爾見面已經是一個多月前的事了，過了農曆年，我的日子仍然充滿著高高低低的心情起伏以及各式各樣的挑戰。辛苦經營了半年多的工作室，面臨了困境。在親情和其它的人際關係上，也一樣有著許多讓我不知所措的事。有一天晚上，我作了一個色彩鮮明的夢，當快要醒過來時，我發現自己正在作夢，於是夢中那個清明的我問自己，是否要在夢快要結束時，了解這個夢的意義？當下，那夢的含意清楚地進入意識中，造成某種領悟，然後，我醒了過來，窗外的陽光透進屋裡，在半睜的眼中形成美麗的光影，那夢境清晰無比：

我在一個馬戲團擔任顧問工作。有團員來警告我警察正在追捕我，警車的燈在街道上令人不安地鳴亮著。我正主導一個馬戲團的遊行隊伍，這時，所有的人都叫我躲起來，不要被警察找到，因爲這個馬戲團的成員都是一群土匪與強盜，而這些人也都擅長各式的特技與雜耍。我是這一群盜匪的主謀，因此警察追捕的人是我。

看到警車越來越近，我想到一個躲藏的方法，那就是加入馬戲團的遊行行列。我換上一身美麗的特技服裝，每個人都驚嘆我的持技能力，他們沒想到原本只會動腦的顧問，也有一身的好功夫。我爬上遊行隊伍中的一個高杆上，倒掛在半空中，表演出精湛的吞火特技。警車停下來，幾個警察爲我拍手叫好，完全認不出我就是他們所要追捕的頭號壞蛋！

這個夢清楚地讓我看見自己該如何面對未來的種種處境。夢中的警察象徵的是安全的維護者，也就是我內在安全感的維持者。這個安全感的把關機制讓我在面對各式各樣生命情境的轉變時可以有一個基本的穩定與安全。但同時，也是限制我冒險心性的最大阻礙者。當我那顆不安分的心蠢蠢欲動時，內在的警察就會出動前來搜捕這顆如強寇土匪般自由不拘的心。以往我得花上許多心力在內在的衝突與矛盾中拉扯、爭扎，直到心中那股如盜匪般強大的反叛慾望實在巨大到令人不得不屈服爲止，不過事後我又得面對內心諸多的懊悔以及挫敗感。這個夢讓我看見如何統整內在的兩股相互矛盾的力量——安全感與冒險慾：重點在於藝術手法的呈現！這個夢提醒我，要做到無須逃避內在的警察，但也不用放棄天性中冒險的慾望，我必須成爲一個手法精湛的特技高手，以膽大藝高的能耐讓那些內在的警察拍手叫好，甚至忘了他們必須追捕那個叛逆的亡命之徒！

夢總是能夠提供我豐富的心靈力量。回顧這些年來所發生的種種不可思議的生命境遇，發現每當有一個重大的轉變時，都會出現一些色彩鮮明、具啓發性的夢。不止如此，我還可再倒推到童年，第一個鮮明的夢是出現在兩、三歲時。那夢沒有任何情節，只有地平線上一個帶著笑臉的太陽（有點像天線寶寶的片頭），年幼的我知道那是清晨的太陽！這個夢時常出現在回憶中，但是從沒去思考過它的意義爲何。但在四十多年之後，回顧自己的人生，我發現某些夢境在我的心靈中佔有極大的影響力，它們的重要性除了提供許多新的心靈能量之外，從某方面來說，更是我人生的指標與依止。

了解到夢竟然具有如此的力量時，我開始一一地檢視這些夢，並將它們當作是個人最重要的資產與精神指引。而我更發現，這些年的神秘體驗，我投入一個完全意想不到的生命經歷當中，在看似瘋狂的冒險與投入的過程，最大的指引與支持正是來自我的夢境！我終於明白爲何這本書的書名取爲《老鷹的羽毛》，也終於了解在我年幼時——也是生命開始有個體意識發展的階段，那個清晨帶著笑臉的太陽所代表的意義爲何。太陽指的是自我的意識，同時也是老鷹的能量與指引。老鷹也是我內在心靈的原型之一，它所代表的是內在的男性特質，而這個特質在我的整體生命中，經常是沉重的。因爲與父親的互動模式，讓我的男性特質總是朝向奮戰與承擔的道路。現在，我了解那個美麗的太陽的笑臉，它代表的是歡笑與溫暖！在這個領悟的同時，我也明白那位印地安巫師丹尼爾所要傳遞給我的訊息：他要我記得太陽的能量，記得歡笑與溫暖！只有牢記這兩個特質，才能帶著勇氣面對孤獨的巫者之路！

回想至此，大約是兩年前所作過的一個夢也在我心中重新出現：

夢中我回到喬艾的家，她仍然健在，興沖沖地告訴我，有一位經營中國餐館的朋友要見我。我來到巴黎的中國城，找到這個餐館，有人帶我到一個大房間中，三個巫師坐在地上，我走向前，忽然聽到那三名巫師口中發出奇怪的哨聲，然後，屋子裡幾位女侍者全都在一波波的聲浪中變成猴子，那幾隻猴子慌張失措地衝出房間。

我耳中一片混亂，心裡七上八下地，看著那幾隻驚恐的猴子，我害怕自己會成爲那樣。但是，內在有個細微但堅定的聲音要我穩住自己並朝向那三位巫師走去！我照著這個指示走到第一位巫師的面前，雖然只是一小段路，但感覺好似走了幾公里的距離！好不容易來到第一位巫師的跟前，他睜開半閉的眼看著我，似乎驚訝於我的鎮定：「很好，妳走到這兒了，現在，妳可以翻看我手中的書！」那巫者的手中忽地出現一本厚重的書，我伸手翻閱，發現那是一本關於植物與礦石的所有知識的書，我心中明白，看過這書，我可成爲一名療癒者。

當我將書翻完時，第一位巫師示意我往他身旁的那位巫師走去。我照著作，發現第二位巫師口中的聲音能量更是強大，在聲浪中我奮力前行，穩住自己的心思，終於來到第二名巫師的面前，他手中也有本書，我沒問，就動手翻了起來：那是一本關於鍊金術的書，我知道這書會讓我了解宇宙的某些創生的奧秘。看完第二本書後，我自動地朝向最後一位巫師前進，那過程比前面兩位還要困難，但是，我做到了！

第三位巫師看到我來到他面前，半句話也沒說，就主動將書本打開，但裡頭完全是空白的，他神秘地笑著說：「這書沒法看，也不用看，這是心，妳應該觸摸、體會，然後選擇以它爲存活在人間追尋任何事物的唯一依據！」

記得那個清晨，當我醒來時，夢中的每一個細節都歷歷在目，甚至那強大的聲音能量仍然在我的體內流竄，但是，我卻記不住前兩本書的內容。唯獨第三位巫師對於他手中那本沒有內容的書所作的解釋深深震撼著我。

這些夢雖然發生在數十年間不同的時刻，但每個夢的意含卻在我的心靈世界串聯成一張多樣但又整體的意義網絡。我知道這些夢得用許多的生命經驗去體會，這個意義網絡會在不同的生命情境中開顯出它結構複雜且深奥的秘意。

每當我沉溺在一個又一個的夢境回憶時，我的內在之眼彷彿可以看到一支老鷹的羽毛飄動在眼前。這支羽毛輕輕觸動著我的第三隻眼，然後我會跌入某種深層的意識中，在那其中無物存在，只有這支飄浮在虛幻之中的羽毛似有若無地指引著我。這個鷹羽的意象在最後一次和丹尼爾見面之後就出現了，那時他提到有一支老鷹的羽毛要送給我，而我必須要到英國他的住處去拿。當時我認眞地考慮要到英國去，但是現實的條件中無論是時間或是金錢，我都沒有能力安排一趟英國之旅。如此過了數月，直到這些夢境不斷地出現在回憶之中，然後那支虛幻的羽毛不時地顯現，我才逐漸了解，那神秘的老鷹的羽毛早就在那位印地安巫師和我擁抱告別時就送給我了！

走過心靈的幽谷

辭掉所有的工作之後，我認眞地思考自己到底要做些什麼。答案十分清楚，我想做自己想要做的事！但問題是那會是什麼？這工作必須是自己所喜歡的，同時又能爲我帶來收入。老實說，我還眞的不知道這樣的工作會是什麼，思考這個問題的同時，我的經濟狀況也越來越急迫，有時甚至會爲了區區幾百元而傷透腦筋。我的心情也呈現相當矛盾的兩極反應，一是當我發現自己又回到年輕時在法國求學時的貧窮狀態，想到自己過了中年，仍然一事無成，心中很是沮喪。不過，在這同時，又有一種莫明的輕鬆感，內心深處還滿喜歡這樣雙手空空的感覺，好像當人接受一無所有的狀態時，反而覺得輕鬆，同時又有許多可能在心中萌發。

雖然心中有多種對未來自己要做的事情的想像，但是那都僅只於想像，有時和三、五好友說起，興緻一來還頗爲意氣風發。不過，一離開想像的空間，我仍然沒有任何行動。如果不是金錢的壓力無時無刻直逼而來，如果不是心中的恐慌隨著該付的帳單不停地壯大，我想，我可以就這麼耽溺在幻想中的世界。同時相信自己眞的可以做出一番理想，實現壯志的。換句話說，如果沒有因爲「接收」到訊息，那麼，我也不會離開安全的體制，無論是學院的教書工作或者是私人公司的顧問，那都是一個安全的體制。安全到令人在其間感到乏味與鬱悶，但是每個月固定在銀行帳戶出現的薪水會讓人不敢離去——因爲離開體制，人就直接掉入社會叢林，而一個拿到最高學歷的知識份子，老早就忘了叢林的生存原則；或是說，老早就被馴化到不知道如何在野地生存了。

所以，雖然我可以面對自己的生存恐懼，可以安住於物質條件的貧困。但是，剩下來的問題是如何實現心中的理想，而那需要重新投入社會脈絡，這是個極大的功課與挑戰！問過自己的意願之後，我完全願意接受這樣的挑戰，於是在因緣來到之時，我和幾個朋友開設了工作室，這個工作室進行的過程有許多的困難，經過長時間的矛盾、衝突與省思，我知道其間最大的困難與挑戰是對於自我的了解與釋懷。

在利害得失與人際互動的原則之中，我的剛強與不服輸的個性，往往讓我表現出好惡分明的態度，但另一面，在內心深處，我老是覺得受到誤解，在這同時，我會被從小所熟悉的孤獨與空虛感所捕捉，於是老是想要放手，回到一個人的世界當中。在放手的當下，我會有一種輕鬆的感覺，但是接下來就是一波波浪濤洶湧的失落與自責。失落是因爲又回到孤獨一人的狀態，自責則是因爲回顧自己的一生，老是重複著同樣的模式而無法改變。

當失落與自責這兩種心情到了谷底之後，又出現另一種心情，那就是與負面情緒抗拒的理性，不停地透過我所擁有的心理學知識，試圖分析自己，甚至再度探討多年以前在進入心理學領域時，對自己的童年創傷所作的分析，然而這一切都是徒然！不僅如此，當這些分析與探究無法爲我帶來領悟與平靜時，最深沉的負面能量好像從心靈的大地底層全面地往意識層湧現，而我的心只能任由這沉重的憂傷將自己帶往心靈世界中的地獄。

到了這種地步，我的理性只有投降，而降服之後我發現自己雖然一樣過著日子，但形同行尸走肉，有時如一縷孤魂般地抓住身旁的人事物，比如說：爲情感而爭取，或是偏執地爲自己的理想而進行種種事務，這一切無非是想要再度證明自己的肉身仍在世間，但心中明白那都是枉然！

這情況時好時壞地持續了大半年，一直到台灣的社會進入狂熱的政治選舉熱潮中。生性孤癖的我，平日對政治絲毫不會投入熱情的，但奇怪的是，距離選舉的兩個多月前，我感應到自己應該在選舉的那個星期閉關。心中雖然認爲離上回閉關還不到半年，照理說不太可能這麼快又要進行一年一度的閉關，但既然是接收到的訊息，那就進行吧！然而，這一回，我感應不到任何要進行閉關的場所，想了幾個地點都沒有特別的感應出現，幾次之後，只好作罷。心想也許是在自己家中不吃不喝就好了，但，仍然是沒有任何具體的回應，因此，我開始認爲這次的訊息也許是個錯誤的接收。

直到大選前兩天，我忽然對整個選情產生極大的興趣，一回到家中，不論多麼疲累，一定會打開平日不常收看的新聞台，眼睛盯著螢幕看上一、兩個鐘頭。在觀看的過程中，不斷地有內在的對話出現：「妳看兩邊候選人誰的氣勢較旺？」我用心觀看，指出氣勢較旺的那一邊。「那，妳再看，用心地看，用心體會，這些在電視上所呈現的一切，這幾天，妳都得用心體會！」在這個內在的指引之下，那幾天，我完全融入選戰的各種視覺及聽覺上的訊息，整個人沉浸在選舉的氛圍中。這是個全新的體會，一向害怕群體，享受孤獨，但也爲孤獨所苦的我，生平第一次感受到群體的力量以及壁壘分明的陣營認同所帶來的安定感。

在某種程度上，我成爲一個投入選情的熱心份子。到了投票日下午，我迫不急待地打開電視觀看開票結果，幾個鐘頭之後，我所看好的候選人明顯地落敗了。聽著從窗外傳來的鞭炮聲以及歡慶的人聲吵雜，我知道對方陣營正到處慶祝他們的勝利。我的心情一陣低落，心想，這一切眞是荒謬！但是，就從這一刻開始，我的情緒停滯在失落以及荒謬感之中，兩天之後仍然濃烈地發酵著。

察覺到事情的嚴重性，心裡自責曾幾何時自己成爲一個政治狂熱分子？爲了選情而心思不寧，甚而情緒大受影響。我反問自己，是否因爲自己所認同的陣營敗北，而感到挫敗與失落？答案是否定的。那另一個沮喪的理由是否是因爲自己的觀察與預料不準，而覺得難受？答案有些肯定，但也不全然，因爲我早就接受所有的預知或是預言，原本就與準確性沒有絕對的關連。接著我又問自己：「是否發現自己的心情竟然受到整個政局影響而感到失措？」這問題問到了核心，是的，沒錯，原來我最不能接受的是自己竟然會爲著「庸俗」的政局而心情大受影響，這完全違反自己一貫保持客觀與旁觀的原則。

知道眞正的原因之後，以爲這下子可以擺脫心情的陰霾了，但事情沒那麼容易，我的心不但沒有感到輕鬆，反而更覺失落！心情完全跌到谷底，實在是不知如何擺脫，幾十年來對自己的了解與清明的控制現在完全都亂了套了。就在這個時候，又接到一個朋友的電話，在電話中他講了一些平常就讓我很不以爲然的話，但，那天，我竟然對著這個朋友情緒失控地說了兩句重話。掛完電話之後，雖然理智上知道自己並無惡意，而朋友應不會太在意於我那小小的情緒失控。但是，我鑽牛角尖地不放過自己，一再地看到自己所有的負面形象：一個失能的通靈者，因爲所作的預言完全不準確，而且還是事關大局的預言！另一件事是平日幫人作心靈諮商的治療師，面對自己的情緒完全失去因應的方法，甚至還爲了朋友的兩句話而過度反應！

我經歷了兩個無法入眠的夜晚，到了第三個晚上，獨自坐在電視機前面，不停地轉換電視頻道，心中波濤洶湧，我知道自己瀕臨情緒崩潰的邊緣，我想，我得做點什麼，比如說打電話交待一些最後還清醒的話語之類的。

撥了通電話給一向晚睡的好友小惠：「小惠啊！我快不行了，妳聽我講幾句話好嗎？」接著我開始訴說自己這些年所遭遇到的困境以及內心的矛盾與爭扎：「小惠，我一直以爲堅持自己的理念，無論遇到什麼困難都是可以克服的。因爲，老天會看守我，會讓我清明不亂地走下去，但是，這一切是自己的幻想，也是自我欺騙。也許，我眞的瘋了，一廂情願地以爲有個更大的存在，一廂情願地相信老天會顧念我，但是，在現實的世界中，我在不同的人生階段，不停地推開或摧毀自己一手建立起來的成果。妳看，我的學歷是辛苦得來的，但是我自己離開了學院的教職，而我的婚姻以及親子關係，也沒能按照一般人的方式去進行。還有，我的人際關係一團糟……」

小惠耐心地聽著我訴苦說：「妳後悔嗎？」「我一直以爲只要是自己選擇的就不會也不能後悔，但這幾天我常想：如果能像一般的女性一樣地擁有安定的家庭及工作，那將會有多好，有時還眞是羨慕平凡的人生！」話一說完，只聽到小惠在電話那頭誇張地笑了起來：「姐姐，這話從別人口中聽到還不怎麼樣，但從妳口中說出來，我還眞覺得噁心，少來了……。」「小惠，其實我這幾天的狀態眞的很不好，我的心全亂了，更難過的是，我的接收能力也一團糟，妳看，大選的結果完全和我的預知相反……。」當我說出這幾句話時，忽然我明白這段日子所發生的情況。這領悟讓我鬆了一口氣：「小惠，謝謝妳和我談，和妳說話的同時我看到了這件事的整體意義。」

我接著告訴小惠原本這個星期我應該是要閉關的，只感知到大致的時間，但是一直沒有辦法確切地接收到閉關的所在地。當日期越來越靠近時，我完全感知不到究竟要如何進行這次的閉關，於是也就不再將這個訊息當眞。現在才知道，原來這幾天我所經歷的也是某種程度的閉關，只不過這一回是老天親自封關！而我是在毫不知情的狀態下進行一趟心靈的閉關！

和以往的閉關經驗不同的是：之前的閉關齋戒是有覺知地進行，除此之外，以往不吃不喝的過程中，頭兩天會感到身體的能量逐漸被淘空，到了第三天之後則感受到身體大量地和大自然的各種能量交流，而第四天，整個人的體力及精神則達到某種令自己驚奇的良好狀態。在四天的閉關過程中，雖然有兩天的時間覺得身體是虛弱的，但是不論是心情或是意識狀態都處在十分清明的狀態。而這幾天我所經歷的竟然是相反的！首先，我完全沒有覺知到這段期間就是閉關的時間，再者，我的身體在這段期間是從亢奮到虛弱，我還以爲是因爲自己心緒混亂，所以造成體力上的耗弱。同時，我的心思及意識狀態從原本的專注於選情到選後的大混亂，都不是我平常的反應。

我告訴小惠，原來這一次的閉關是一場靈性以及心緒的解構過程。小惠問我：「那這整個過程又有什麼意義呢？」「我想，如果從身心靈這三個層次來說，以往的閉關是從身體能量的解構進行，而這回則是從心及靈的層次進行解構及重組，這個過程讓我相當不舒服，不過現在了解是怎麼一回事，就比較輕鬆多了。」

永恆的鷹羽

和小惠講完電話後，我以爲這下子應該沒事了，檢視自己的心情，也覺得幾天以來都沒能這麼輕鬆。只不過這樣的風和日麗並沒能維持太久。

兩天之後的一個週末下午，剛和小孩用過午餐，從後面陽台的窗戶看出去，遠處的大屯山覆蓋著濃密的烏雲。沒有風，室內潮濕晦暗，剛過春分，但仍覺得有些涼意。我盯著遠處的山巒再閉起眼來，感受那山厚實的氣息。這個舉動往往能幫我排遣心緒，我站在窗前許久，只覺心情和遠處山頂的雲層一樣沉鬱，百無聊奈之下，走進房間打算小睡。這一睡不知昏沉多久，我不停地在夢境與現實中徘徊與進出，當我終於找到起床的力氣時，天色已暗，走出房門，我卻感受到我的夢正穿透虛空界，浸入現實的知覺中！那些夢的細節我記不住了，只知道夢中出現許多童年時認識的鄰居或親友，但他們都早已不在人間了。在夢中，我也知道這些人早就不存在了，可是，我可以和這些鬼魂對話，而對話的內容卻都是一些日常生活的瑣事，就好像童年時和這些人的互動經驗一樣。

現在，雖然我醒著，但好像還可以感受到這些亡魂繼續和我對話，那感覺相當怪異，甚至會有種幻覺，認爲自己還停留在夢中。

不過我是醒著的，在某種程度上，我知道自己對於現實的認知感還保有相當的基準，但，不知道爲何自己會沉浸在夢境中無法回到現實。在那夢中，有一個人讓我印象深刻，那是一位童年時住在鄰近的遠親，我們都稱她爲「五嬸婆」。五嬸婆是母親眼中的好命人，她沒受過任何教育，從小是個童養媳，但是到了要和養兄送作堆的年紀時，養兄已另有心上人。這時養母只好答應讓她去相親結婚。就這樣，五嬸婆嫁給了從事會計工作的五叔公。婚後生了幾個兒子，夫妻倆的感情融洽無比。從小在父母不和的家庭中成長，五嬸婆的家一直讓我十分羨慕。長大後對五嬸婆的記憶是大二時她陪著當時需要洗腎的五叔公來台北做身體檢查。然後，沒多久就聽到五叔公過逝的消息，接著沒幾年，又聽到五嬸婆也罹患了同樣的疾病，需要洗腎。記得那時我剛唸完研究所，回台灣從事博士論文的田野調查工作，有一次回到故鄉觀察一場儀式，當晚就住在五嬸婆家中。那天，還記得儀式結束時回到她家已近午夜，但五嬸婆還沒睡等著我。她拿出剛採摘的芒果，兩人坐在床頭吃著水果閒聊。

我想起這些時，也連帶地想起了夢中的五嬸婆所說的話，其實就是那一次我回故鄉和她的談話內容的延續。那時，她埋怨媳婦對她不孝，埋怨幾個兒子都不順她的心，而在我的夢中，仍然是同樣的談話以及她那哀愁的眼神。

我一面回憶著過去以及剛才的夢境，一面感受到夢中那些過往所認識的人，他們在人世間所有的無奈以及哀愁。是的，我認出來了，是世間人對於親情以及愛的索求而生的哀怨情緒，透過那個夢，濃濃地在穿進現實，在我的意識及心靈中強烈地發酵著。

雖然了解到自己目前所處的心境，但這個了解並沒能幫我找到心靈的清明。我第一次深刻地體會到嚴重憂鬱的感受。在這種狀態之下，你不會有任何想要改變的意志，那好像是在暗夜濃霧中，看不到任何的方向以及光線，不論你移動了多少，作了多少努力，你的心裡很清楚，那是不會有用的，於是你會讓自己就這樣沉溺在暗夜的絕望之中。

我一面沉浸在心中的沉鬱中，一面還維持平日的作息帶著兩個小孩度過週末，直到送他們回去之後，獨自回到住處，那排山倒海的憂鬱讓我無法動彈。我知道所有的嘗試都是枉然，只能讓自己去經歷，同時用微弱的意識來觀看自己。這時，我發現自己的心在幽暗之處無淚地隱泣著，那些夢中的怨靈好像充斥在整個空間，然後他們進入並且和我的心融合為一，我感受到所謂的邪靈附體的陰森及恐懼，但我沒有任何抗拒的想法，心中所想的是自己生命中種種的失落與傷痛。我感到深刻的孤獨與無助，有如在地獄深處的幽靈被釋放到人間到處漂盪。就在我全身無力地躺在客廳的地板上，一面爲自己的人生感到傷痛之時，忽然心中響起那位印地安巫師丹尼爾的聲音：「當妳失去一切時，請記得我的聲音及這個擁抱！」什麼時候他和我說過這話？在我記憶中沒有這樣的對話，只記得幾年前第一次和他見面時，他曾說過，當我覺得恐懼而無法面對時，他會來陪伴我，不爲什麼，只因爲應當如此！丹尼爾的聲音在我心中迴響著，我不在乎這是否是自己的幻想，那不重要，重要的是，我知道這位有力量的巫師正在實踐他所給出的承諾！

這個巫師的心靈陪伴在那個當下給了我一個著力點。我又憶起幾年前在都蘭山閉關時，那滿山滿谷的月光。那月光是如此無條件地給我幸福的能量，而當時我的領悟是，只要我失去力量時，隨時都可以透過靈視的狀態回到那幸福的山谷中。於是，我閉起眼，在心中召喚那山中的明月，然後，我感受到自己的心，那顆飽浸著傷痛的心透出一絲微微的亮光——是那月光！那道光芒逐漸成形爲一支透明的月光羽毛！

在這支羽毛的撫慰之下，我的傷痛不再灼熱地煎烤著我的心靈。當心中的清涼感出現時，我才知道那些哀怨的亡靈其實就是我內在心相的呈現！原來，在理智上，我一直以爲生命的方向是自己勇敢的選擇，然而在勇氣的後面，我還是個普通的女性，一樣爲自己一生的失落傷感著，只是我的理性及自尊不容許自己有這麼脆弱的一面。

這趟心靈的幽暗之旅讓我明白其實在內心深處，我仍然擁有諸多的情感需求，我不能再用專業的心理學知識與技巧來阻絕與自己的情感與情緒的連結。當我容許自己毫無武裝地進入內在的情緒當中，才了解到雖然在某個程度上，我接受自己的人生選擇，然而，內心深處對於自己的生命情境仍然有著許多的失落以及不滿。

看見這個事實的同時，我也放下了那和生命討價還價的心態。不再覺得自己的命運有何缺憾。在夢中五嬸婆的鬼魂所表達的也正是我在某些時候的心態，對於身邊無法令我們滿意的人與事，當我們試圖掌控而無法改變事實時，我們會心生不滿及怨尤。一直以爲自己對身邊的人事可以豁達地看待，現在才明白，當心中尚有一絲引爲憾事的感受時，那也是某種程度的不滿與怨尤。

月光山谷的意象以及那夢中的幽魂讓我了解到生命情懷的兩大極端——幸福與憂傷。當我整合這兩個矛盾的感受時，發現我們無法只安身於一端，比如說，只想要獲得幸福，而不感受到哀愁與幽怨！重新容許自己進入負面的情緒，讓我得以更鮮美地品嚐幸福的單純滋味。在都蘭山中那滿佈月光的夜晚，有一位原住民的長者，他在年輕時失去婚姻，但中年時得到一位好伴侶，而當他在山谷中對著我講述他的生命故事時，心愛的妻子已離開人世。

記得當時那位長者只是帶著對幸福的回味的心情講述他的故事，在這個說故事的長老的語言中，我深深地品嚐著那美好的幸福況味，那是生命原初的美味，是人生於天地之間的真實樣貌。然後我又檢視自己這些日子來，也就是從無意識地進入心靈的閉關之後所經歷的一切，我發現，這是一場心靈的齋戒！在這場心齋的歷程中，我經歷了心靈的排毒！內在對於自我生命的不滿，對於自己所做種種的追悔與罪惡感，讓我失去站在生命原初的立足點，同時也失去了那美好的生命脈動。然而，這一切經歷是必要的，如果沒有經過這一段心靈的暗夜，我想，這輩子我永遠也看不見自己內在所潛藏著的幽森的怨靈，而這些怨靈必須透過齋戒的過程才能顯現他們的渴求。想到這兒，我領悟到爲何佛教及民間信仰中有所謂的餓鬼，因爲內心飢餓所以這些鬼魂發出哀號。而民間的信仰及儀式中相信要止住鬼魂的飢渴必須加以供養。然而眞正可以供養餓鬼並使他們獲得超拔的食物只有一物，那就是「愛」。也就是全然地接受命運中的所有得失並且對生命發出禮讚，不論生命處於何種境地！

那個夜晚，當我看見內心那些穿越夢境的怨靈以及月光山谷的能量所形成的具療癒力的羽毛時，我明白一件事，那就是老鷹的羽毛整體的象徵意義及力量！老鷹是陽光的象徵，同時也是靈界的信使，象徵陽光的老鷹代表的是地球萬物向陽的生命力，而那月光能量所形成的鷹羽，正是擁有陽光能量的生命體在經過生命的幽暗之後所展現的光芒！這鷹羽也是靈界的贈禮，在萬物具有生命時就被賦予，它也是連結單一的個體生命及宇宙偉大存在的關鍵；而這個關鍵的奧義就是『愛』！對於一己生命的全然接受與無私無懼的愛正是每個生命所具有的核心，這個核心在生命展現的過程必然地遭到掩蓋與扭曲，身而爲人，我充份體會到存活人間所經歷的對於自然心性的掌控與造作，以及終究的放手！這一切都是必須的，因爲那永恆的鷹羽只有經過重重的遮蔽與淬煉，才會展現出它精煉後的光芒！當我們開始透過老鷹的羽毛看待自己及這個世界時，就能進入與萬物一體而存的自然脈動之中，在這個脈動裡，萬物生生不息，個人小小的存在與宇宙的大有之間並沒有任何區隔與分別。

那個夜晚，我感受到那支透著月光的幸福與陽光勇氣的老鷹羽毛輕輕地撫觸我那不安的心，在那個當下，我的身心獲得一股前所未有的領悟與能量。我可以感受到全部的身體與心靈產生了一股振動，那振動原本十分細微，稍一不察就會錯過，但當我覺知到這股能量振動時，意識的覺知與這股能量產生某種奇妙的共振，我發現自己進入一個全知的靈視狀態，那狀態是偶而在降神的過程中才會感受到的，而現在，獨自一人在家中，竟然也進入這樣的狀態。這讓我感動莫名！在這難以言喻的感動與能量共振中，我好像看見那支美麗的老鷹的羽毛，煥發著通透的光芒，在我的第三隻眼處開始旋繞，然後隨著那整體的振動，胸膛間心跳的脈動也與這振動融爲一體。那羽毛化成我的眼、耳、鼻；也是我的心跳與意識的整體覺知，而這覺知又擴大爲對於空間中的每一吋微動的明瞭。我可以感受到那躺在客廳一隅的貓咪所有的感受，也可以了解窗外吹過的風所有的訊息與感受！在那當下，我明白一事，那就是這老鷹的羽毛從我未有此生之前就已存在，而當我的生命幻滅之後，祂仍會持續地存在著！

橡樹林文化 ❖❖ 衆生系列 ❖❖ 書目

JP0120	OPEN MIND！房樹人繪畫心理學	一沙◎著	300 元
JP0121	不安的智慧	艾倫・W・沃茨◎著	280 元
JP0122	寫給媽媽的佛法書： 不煩不憂照顧好自己與孩子	莎拉・娜塔莉◎著	320 元
JP0123	當和尚遇到鑽石 5：修行者的祕密花園	麥可・羅區格西◎著	320 元
JP0124	貓熊好療癒：這些年我們一起追的圓仔 ~~ 頭號「圓粉」私密日記大公開！	周咪咪◎著	340 元
JP0125	用血清素與眼淚消解壓力	有田秀穗◎著	300 元
JP0126	當勵志不再有效	金木水◎著	320 元
JP0127	特殊兒童瑜伽	索妮亞・蘇瑪◎著	380 元
JP0128	108 大拜式	JOYCE（翁憶珍）◎著	380 元
JP0129	修道士與商人的傳奇故事： 經商中的每件事都是神聖之事	特里・費爾伯◎著	320 元
JP0130	靈氣實用手位法—— 西式靈氣系統創始者林忠次郎的療癒技術	林忠次郎、山口忠夫、 法蘭克・阿加伐・彼得◎著	450 元
JP0131	你所不知道的養生迷思——治其病要先明其 因，破解那些你還在信以為真的健康偏見！	曾培傑、陳創濤◎著	450 元
JP0132	貓僧人：有什麼好煩惱的喵～	御誕生寺（ごたんじょうじ）◎著	320 元
JP0133	昆達里尼瑜伽——永恆的力量之流	莎克蒂・帕瓦・考爾・卡爾薩◎著	599 元
JP0134	尋找第二佛陀・良美大師—— 探訪西藏象雄文化之旅	寧艷娟◎著	450 元
JP0135	聲音的治療力量： 修復身心健康的咒語、唱誦與種子音	詹姆斯・唐傑婁◎著	300 元
JP0136	一大事因緣：韓國頂峰無無禪師的不二慈悲 與智慧開示（特別收錄禪師台灣行腳對談）	頂峰無無禪師、 天真法師、玄玄法師◎著	380 元
JP0137	運勢決定人生——執業 50 年、見識上萬客戶 資深律師告訴你翻轉命運的智慧心法	西中　務◎著	350 元
JP0138	心靈花園：祝福、療癒、能量—— 七十二幅滋養靈性的神聖藝術	費絲・諾頓◎著	450 元
JP0139	我還記得前世	凱西・伯德◎著	360 元
JP0140	我走過一趟地獄	山姆・博秋茲◎著 貝瑪・南卓・泰耶◎繪	699 元
JP0141	寇斯的修行故事	莉迪・布格◎著	300 元
JP0142	全然接受這樣的我： 18 個放下憂慮的禪修練習	塔拉・布萊克◎著	360 元

JP0143	如果用心去愛，必然經歷悲傷	喬安・凱恰托蕊◎著	380 元
JP0144	媽媽的公主病： 活在母親陰影中的女兒，如何走出自我？	凱莉爾・麥克布萊德博士◎著	380 元
JP0145	創作，是心靈療癒的旅程	茱莉亞・卡麥隆◎著	380 元
JP0146	一行禪師　與孩子一起做的正念練習： 灌溉生命的智慧種子	一行禪師◎著	450 元
JP0147	達賴喇嘛的御醫，告訴你治病在心的 藏醫學智慧	益西・東登◎著	380 元
JP0148	39 本戶口名簿：從「命運」到「運命」， 用生命彩筆畫出不凡人生	謝秀英◎著	320 元
JP0149	禪心禪意	釋果峻◎著	300 元
JP0150	當孩子長大卻不「成人」……接受孩子不如期望的事實、放下身為父母的自責與內疚，重拾自己的中老後人生！	珍・亞當斯博士◎著	380 元
JP0151	不只小確幸，還要小確「善」！每天做一點點好事，溫暖別人，更為自己帶來 365 天全年無休的好運！	奧莉・瓦巴◎著	460 元
JP0154	祖先療癒：連結先人的愛與智慧，解決個人、家庭的生命困境，活出無數世代的美好富足！	丹尼爾・佛爾◎著	550 元
JP0155	母愛的傷也有痊癒力量：說出台灣女兒們的心裡話，讓母女關係可以有解！	南琦◎著	350 元
JP0156	24 節氣　供花禮佛	齊云◎著	550 元
JP0157	用瑜伽療癒創傷： 以身體的動靜，拯救無聲哭泣的心	大衛・艾默森 伊麗莎白・賀伯◎著	380 元
JP0158	命案現場清潔師：跨越生與死的斷捨離， 清掃死亡最前線的真實記錄	盧拉拉◎著	330 元
JP0159	我很瞎，我是小米酒： 台灣第一隻全盲狗醫生的勵志犬生	杜韻如◎著	350 元
JP0160	日本神諭占卜卡： 來自眾神、精靈、生命與大地的訊息	大野百合子◎著	799 元
JP0161	宇宙靈訊之神展開	王育惠、張景雯◎著繪	380 元
JP0162	哈佛醫學專家的老年慢療八階段：用三十年照顧老大人的經驗告訴你，如何以個人化的照護與支持，陪伴父母長者的晚年旅程。	丹尼斯・麥卡洛◎著	450 元
JP0163	入流亡所：聽一聽・悟、修、證《楞嚴經》	頂峰無無禪師◎著	350 元
JP0165	海奧華預言：第九級星球的九日旅程， 奇幻不思議的真實見聞	米歇・戴斯馬克特◎著	400 元
JP0166	希塔療癒：世界最強的能量療法	維安娜・斯蒂博◎著	620 元

眾生系列　JP0168

老鷹的羽毛——一個文化人類學者的靈性之旅

作　　者／許麗玲
圖片攝影／張菁芳
業　　務／顏宏紋

總 編 輯／張嘉芳
出　　版／橡樹林文化
城邦文化事業股份有限公司
104 台北市民生東路二段 141 號 5 樓
電話：(02)2500-7696　傳真：(02)2500-1951
發　　行／英屬蓋曼群島商家庭傳媒股份有限公司城邦分公司
104 台北市中山區民生東路二段 141 號 2 樓
客服服務專線：(02)25007718；25001991
24 小時傳真專線：(02)25001990；25001991
服務時間：週一至週五上午 09:30 ～ 12:00；下午 13:30 ～ 17:00
劃撥帳號：19863813　戶名：書虫股份有限公司
讀者服務信箱：service@readingclub.com.tw
香港發行所／城邦（香港）出版集團有限公司
香港灣仔駱克道 193 號東超商業中心 1 樓
電話：(852)25086231　傳真：(852)25789337
Email: hkcite@biznetvigator.com
馬新發行所／城邦（馬新）出版集團【Cité (M) Sdn.Bhd. (458372 U)】
41, Jalan Radin Anum, Bandar Baru Sri Petaling,
57000 Kuala Lumpur, Malaysia.
電話：(603) 90578822　傳真：(603) 90576622
Email：cite@cite.com.my

封面設計／周家瑤
內文排版／歐陽碧智
印　　刷／韋懋實業有限公司

初版一刷／ 2020 年 6 月
ISBN ／ 978-986-98548-5-6
定價／ 380 元

城邦讀書花園
www.cite.com.tw

國家圖書館出版品預行編目（CIP）資料

老鷹的羽毛——一個文化人類學者的靈性之旅 / 許麗玲著 . -- 初版 . -- 臺北市：橡樹林文化，城邦文化出版：家庭傳媒城邦分公司發行，2020.06
面；　公分 . --（眾生；JP0168）
ISBN 978-986-98548-5-6（平裝）

1. 祖先崇拜　2. 靈魂

215.5　　109002138

廣　告　回　函
北區郵政管理局登記證
北台字第10158號

郵資已付　免貼郵票

104 台北市中山區民生東路二段 141 號 5 樓

城邦文化事業股份有限公司

橡樹林出版事業部　收

請沿虛線剪下對折裝訂寄回，謝謝！

|橡|樹|林|

書名：老鷹的羽毛——一個文化人類學者的靈性之旅　書號：JP0168

橡樹林文化

讀者回函卡

感謝您對橡樹林出版社之支持，請將您的建議提供給我們參考與改進；請別忘了給我們一些鼓勵，我們會更加努力，出版好書與您結緣。

姓名：＿＿＿＿＿＿＿＿ □女 □男 生日：西元＿＿＿＿＿＿年

Email：＿＿＿＿＿＿＿＿＿＿＿＿＿＿＿＿

●您從何處知道此書？

□書店 □書訊 □書評 □報紙 □廣播 □網路 □廣告 DM

□親友介紹 □橡樹林電子報 □其他＿＿＿＿＿＿

●您以何種方式購買本書？

□誠品書店 □誠品網路書店 □金石堂書店 □金石堂網路書店

□博客來網路書店 □其他＿＿＿＿＿＿

●您希望我們未來出版哪一種主題的書？（可複選）

□佛法生活應用 □教理 □實修法門介紹 □大師開示 □大師傳記

□佛教圖解百科 □其他＿＿＿＿＿＿

●您對本書的建議：

＿＿＿＿＿＿＿＿＿＿＿＿＿＿＿＿＿＿＿＿

＿＿＿＿＿＿＿＿＿＿＿＿＿＿＿＿＿＿＿＿

＿＿＿＿＿＿＿＿＿＿＿＿＿＿＿＿＿＿＿＿

非常感謝您提供基本資料，基於行銷及客戶管理或其他合於營業登記項目或章程所定業務需要之目的，家庭傳媒集團（即英屬蓋曼群商家庭傳媒股分有限公司城邦分公司、城邦文化事業股分有限公司、書虫股分有限公司、墨刻出版股分有限公司、城邦原創股分有限公司）於本集團之營運期間及地區內，將不定期以MAIL訊息發送方式，利用您的個人資料於提供讀者產品相關之消費與活動訊息，如您有依照個資法第三條或其他需服務之務，得致電本公司客服。

我已經完全了解左述內容，並同意本人資料依上述範圍內使用。

＿＿＿＿＿＿＿＿＿＿（簽名）

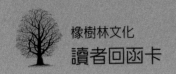